금융회사 지점장의 취준생 재능 기부 스토리

취업을 위한 반려자

취업을 위한 반려자
금융회사 지점장의 취준생 재능 기부 스토리

초판 1쇄 발행 2025년 9월 1일

지은이 선창균
펴낸곳 드림위드에스
출판등록 제2021-000017호

교정 소희정
편집 소희정
검수 소희정
마케팅 위드에스마케팅

주소 서울특별시 강남구 학동로 165, 2층 (신사동)
이메일 dreamwithessmarketing@gmail.com
홈페이지 www.bookpublishingwithess.com

ISBN 979-11-92338-88-0(03320)
값 18,500원

- 이 책의 판권은 지은이에게 있습니다.
- 이 책 내용의 전부 또는 일부를 재사용하려면 반드시 지은이의 서면 동의를 받아야 합니다.
- 잘못된 책은 구입하신 곳에서 바꾸어 드립니다.

금융회사 지점장의 취준생 재능 기부 스토리

취업을 위한 반려자

선창균 지음

🌿 멘토링을 하며 겪은 45편의 진로 이야기 🌿

🌿 금융회사 지점장이 들려주는 진로상담 🌿

🌿 다수의 면접관 경험으로 전하는 면접 TIP! 🌿

🌿 자기소개서, 인적성검사 TIP! 🌿

드림위드에스

목차

여는 글
이 책의 시작은 14
나의 기부할 수 있는 '재능' 찾기 17
최고의 재능은 '경험' 23
현직 대기업 직원이면서 책을 쓰는 의미 26

Part 1.
진로/직업 선정

'진성'은 취업이 아닌 창업을 선택했다 31
– 대학 시절 취업과 창업의 선택

한약자원학과 전공의 '상호'의 관심은 투자였다 36
– 전공과 진로 선택의 관계 1

'승현'이는 도시계획을 전공하며 금융을 준비하고 있었다 41
– 전공과 진로 선택의 관계 2

'성인'의 진로의 걸림돌은 무엇이었나? 46
– 진로 선택에서 부모의 영향

'정현'은 복수전공을 통해서 본인의 꿈을 찾아가고 있었다 51
– 진로 선택은 자신의 선택

'지율'과 '시아'는 진로를 고민하는 중학생 56
– 중학생들의 진로 고민

Part 2.
취업 준비

'호진'의 취업 준비 출발은 어디서부터였을까? 65
– 취업 마인드 찾기

군복 입고 어머니의 뜻에 따라 찾아왔던 '성용'이 70
– 취업 준비는 언제부터?

'정미' 학생은 변화하는 취업 환경을 준비했다 75
– 변화하는 취업 환경

'은영'은 29살의 늦은 나이에 대학생 멤버십에 도전했다 80
– 나이와 취업과의 상관관계 및 극복

'시은'은 진로의 확신을 위해 인턴 생활을 활용했다 84
– 인턴 경험은 꼭 필요한가?

'종현'이는 전문대 졸업 신분을 어떻게 극복했을까? 88
– 졸업과 취업

'한준'은 '2.95/4.50학점'으로, 대기업에 입사할 수 있을까? 92
– 낮은 학점 극복의 방법

'현철'은 TOEIC과 OPIc의 기로에 서 있었다 97
– 어학 준비는 어떻게

대외 활동 없이 학점만 좋았던 '신용'이 102
– 대외 활동은 어떻게

자격증 하나 없는 '성식'은 더 강한 것을 활용했다 106
– 자격증 필요한가?

장교 출신 '준영'은 군대에서 축구만 했다 110
- 군대와 취업 1 (소통과 다양한 경험)

군인 '성식'아, 결론은 하나란다 115
- 군대와 취업 2 (시간 활용을 통한 준비)

'세정'은 잠시 머물다 꿈을 이루었다 119
- 성공하는 취업이란

Part 3.
자기소개서

글자 수가 부족하고 오타가 많았던 '인영'의 첫 자기소개서 127
- 자소서의 오타와 글자 수

'민지'는 자소서를 많이 써봤지만 아직 의구심이 있었다 131
- 자신을 믿어야 나오는 좋은 자소서

'영일'이는 스토리텔링 자소서를 만들었다 135
- 스토리텔링 자소서

자소서를 하나의 형식으로 알았던 '상현'이 140
- 자소서의 다른 역할

예상 질문 90% 적중률에 놀란 '현상'이 144
- 면접 질문지 역할의 자소서

'미소'의 자소서에는 '미소'만이 있었다 148
- 자소서의 주인공은 자신

'나인'의 하이브리드형 자소서 152
- 다양한 가능성을 어필하는 자소서

'한성' 군의 자기소개서에는 사공이 많아서 결론이 없었다 156
- 주인공이 많은 자소서

'영선'의 자소서에는 전문가의 글만이 있었다 160
- 전문적 질문 항목 대응법

Part 4.
면접 준비

성일아, 면접 노트로 너의 자신감을 높여라 167
　지속적인 면접 노트 활용

성용아, 면접 예상 질문지를 만들어 보자 _ 면접 종류 170
　준비 부족이 바로 발각되는 '직무면접'
　사람마다 다른 '인성면접'

정표야, 면접 때 이렇게 말해라! _ 면접 방법 173
– 면접 유형별 대답 전략이 있다
　꼬리 질문 준비가 필수인 'PT 면접'
　방향성이 절대 필요한 '(집단)토론 면접'
　정말 나를 모를까 고민되는 '블라인드 면접'

종열아, 면접 때 언제 제일 떨릴까? _ 면접 유형 177
– 면접 방법별 대응 전략이 있다
　적군이 많은 '단독 1대多 면접'
　쉬어 갈 수 있는 '多대多 면접'
　나의 눈동자를 읽어버리는 'AI 면접'
　시선을 둘 바를 모르는 '비대면 면접'

수지야, 점유율을 높여라 182
– 면접에도 점유율이 중요하다

상훈아, 교환학생 갈 때 이것은 꼭 정하고 가라 186
– 교환학생 경험을 면접에서 풀어가기

지원아, 면접은 자신감을 말로 표현하는 것이란다 189
– 논리적인 자신의 생각 전하기

동이야, 무슨 음료를 좋아하니? 193
- 희망 기업 면접 준비하기

현식아, 압박 질문은 왜 하고, 어떻게 극복해야 할까? 197
- 압박 면접 극복하기

수미야, 옷장의 거울로 너를 합격시켜라 201
- Mirror 연습 활용하기

재영아, 처음과 마지막 질문을 알려줄게 204
- 처음과 마지막 면접 질문 준비하기

은주야, 면접관들을 위해 이벤트 준비했니? 207
- 면접관을 위한 이벤트하기

📎 면접, 준비된 나를 '전달'하는 시간 210

Part 5.
인적성 테스트

성일아, 명절 때는 좀 쉬어라 220
- 벼락치기도 필요한 인적성 준비

채영아, 과락이다. 시간 안배를 못 했구나? 224
- 시간 안배의 중요성

영주야, 너무 뜨거운 열정을 보여준 것 아니니? 228
- 끝까지 체력 안배하기

다연아, Paper 없는 Newspaper 보고 있지? 231
- 인적성 준비는 평소 활동에서

📎 **인적성 테스트 에필로그 234**

닫는 글

국가와 학교의 역할 236
교수님의 역할 240
기업의 역할 242

📎 **취업 준비를 위한 자기 점검 7단계 244**

여는 글

이 책은 저의 '재능 기부'에 대한 고민에서 출발했습니다.

기부라고 하면 흔히 물질적인 것을 떠올리지만, 저는 '내가 가진 재능으로 무엇을 나눌 수 있을까?'를 생각하게 되었습니다.

고민 끝에 얻은 답은 '경험'이었습니다. 경험은 누구나 갖고 있지만, 동시에 그 누구와도 같을 수 없는 특별한 가치가 있습니다.

저는 현직 대기업 직원으로 일하며 책을 쓰게 되었습니다. 단순히 직장 생활을 넘어서, 나의 다양한 경험과 지식을 누군가와 공유하는 의미 있는 작업을 하고 싶었기 때문입니다.

이 책에 담긴 45개의 이야기들은 모두 실제 경험을 기록한 것이며, 실명(實名)이 아닌 가명(假名)으로 기록했습니다. 이를 통해 독자 여러분이 자신이나 지인들의 진로와 취업 준비에 조금이나마 도움을 얻기를 바랍니다.

또한 주위에 함께 나누기를 추천드립니다.

🔖 이 책의 시작은

20년 만의 귀향(歸鄕)이었다.

고향에 위치한 지점 사무실 근처, 혼자 지낼 사택으로 사용할 공간에 짐을 풀며 새로운 시작을 준비했다. 대학 졸업 후 군 복무를 시작하면서 고향을 떠난 지 꼭 20년 만의 일이었다.

40대 초반 직장인들 사이에서는 '주말부부'라는 말이 흔히 회자된다. 그만큼 가족과 떨어져 지내는 삶이 드문 것이 아닌데, 이런 생활을 시작하게 된 나 역시 '주말부부'의 일원이 되었다. 전국적으로 지점망이 있는 금융권에서 일하면서 지방 근무는 누구에게나 닥칠 수 있는 일이다. 하지만 나는 주로 본사 스텝 업무를 오래 해왔기에 줄곧 서울에서 생활해 왔다.

이번 인사는 단순히 근무지의 변경이 아니라, 본사에서의 기획 업무를 벗어나 영업 현장, 즉 전면적인 경쟁의 현장으로 뛰어든 것을 의미한다. 주변에서는 나의 지방 근무 자원과 영업 지점장 지원을 의아하게 생각하기도 했고, 심지어 말리는 이들도 있었다. 그러나 나는 금융업에서 현장을 지원하는 입장에 있었기에, 직접 현장 경험 없이 이 일을 계속하기는 어렵다고 판단했다. 마침 고향 지점장 자리에 공석이 생겼다는 소식을 듣고 망설임 없이 지원했다.

지점장 지원 사실과 첫 근무지가 고향이 될 것이라는 이야기를 아내에게 전했을 때, 그녀의 반응은 썩 좋지 않았다. 큰아들이 중학교 2학년, 둘째가 초등학교 6학년, 막내딸이 4학년인 상황에서 세 아이의 육아와 교육을 혼자 책임져야 하는 부담이 컸기 때문이다. 본사 근무 시절, 늦은 야근이 잦았음에도 불구하고 주말만큼은 가족과 시간을 보내기 위해 주말농장과 종교 활동 등 다양한 시도를 했던 나였다. 그러나 아이들의 학업이 본격화된 시점에, 고향에서 가족과 함께 지내는 것보다는 주말부부 형태가 더 나을 것이라 판단했고, 이 결정을 아내에게 전했다.

물론, 고향은 나에게 익숙하고 따뜻한 곳이지만 아내에게는 시댁일 뿐이다. 내 부모님과 많은 친지가 있는 이곳에서의 삶이 아내에게 결코 편하지 않을 것이라는 걸 알고 있었다. 그래서 함께 내려오는 선택은 현실적으로 어려웠다.

이런 내 고민과 판단의 과정을 충분히 전달하고 싶었지만, 아내는 "먼저 상의만 했어도 마음의 준비를 할 수 있었을 텐데…"라며 아쉬움을 드러냈다. 사실 대기업 직장인의 삶은 본인의 의지로 보직이나 근무지를 선택하기가 쉽지 않다. 특히 금융권에서는 전국 어디든 지점 근무가 필요할 수 있어 지방 근무는 일종의 숙명이기도 하다.

공식적인 출근 전날, 나는 노트를 꺼내 지점장으로서의 삶을 준비하며 앞으로 하고 싶은 일들을 정리했다. 처음 근무하게 되는 영업 현장의 지점장 업무이기에 아직은 서툴렀지만, 직원들과의 관계, 기존 고객들과의 인사 및 교류, 새로운 고객 유치를 위한 마케팅 활동 등 하나하나 계획을 세웠다.

 직원들과는 각자의 고민과 어려움을 함께 나누는 동료이자 리더로, 고객들과는 자산관리에 실질적인 도움이 되는 정보를 제공하는 소통 창구로서의 역할을 다짐했다. 그리고 고향에서 근무하게 된 만큼, 이전 선배 지점장님들과는 차별화된 새로운 무언가를 시도해 보고자 마음을 다잡았다.

🐾 나의 기부할 수 있는 '재능' 찾기

고객님들과 소통하기 위해 다양한 투자설명회와 세미나를 진행하다 보면 지점장으로 인사를 드리는 경우가 자주 생긴다. 그럴 때마다 가장 먼저 드리는 말이 있다.

"고향에 20년 만에 돌아온 지점장입니다. 고객님들을 위해 고향에 기여하는 지점장이 되겠습니다."

이 인사말은 단순한 말이 아닌, 나의 각오이자 책임감의 표현이었다. 고객님들과의 거리를 좁히고 진심으로 다가가고 싶다는 뜻도 함께 담겨 있었다.

세미나를 마친 후 돌아가시는 고객님들 중에는 "금의환향하셨네요"라며 따뜻한 격려를 건네시는 분들도 계셨다. 그럴 때면 가슴 한편이 뿌듯해졌고, 더 잘해야겠다는 다짐을 하게 되었다.

그러던 어느 날, 한 투자설명회를 마치고 고객님들을 배웅하던 중 한 분께서 말씀하셨다.

"우리 아들도 이번에 삼성에 취업 준비 중인데 잘되었으면 좋겠어요."

그 순간 나는 별생각 없이

"아, 그러시군요. 좋은 결과 있으시길 바랍니다."
라고 인사한 후 집으로 돌아왔다.

그날 저녁, 문득 이런 생각이 들었다.

"성인이 되어 20년 만에 고향에 돌아왔는데, 내가 가진 어떤 재능으로 고향에 기여할 수 없을까?"

그 생각이 머릿속을 맴돌며 점점 구체화되기 시작했다.

곧바로 지역 동창회 커뮤니티와 SNS를 통해 고향 소식과 변화들을 찾아보기 시작했다. 그렇게 과거와 현재의 고향을 들여다보며 내가 할 수 있는 일들을 고민했고, 세 가지 주제를 선정하게 되었다.

첫 번째는 지역 일간지에 금융 관련 주간 칼럼을 기고하는 일이었고, 두 번째는 고교 동창이 대표로 활동 중인 연탄은행 봉사활동에 참여하며 작게나마 기부를 시작하는 일이었다. 그리고 마지막 세 번째는 지역 대학생들과 소통하며 그들의 취업과 진로에 도움이 되고자 하는 활동이었다.

첫 번째와 두 번째 활동은 조금 바쁘고 피곤하더라도 충분히 감당할 수 있는 일이었다. 그러나 대학생들과의 소통은 생각보다 어려웠다. 나는 교수도 아니고, 아무 대학생에게 무턱대고 접근할 수도 없는 입장이었다. 그때 문득, 투자설명회에서 들었던 한 고객님의 자녀 취업 이야기와 말씀이 떠올랐다.

그 계기를 바탕으로, 직원들과 상의 끝에 '우수고객 대학생 자녀 대상 취업 및 면접 세미나'를 진행하기로 했다. 하지단 직원들의 반응은 의외로 냉담했다. 다소 엉뚱하다는 반응도 있었고, 과연 고객님들이 관심을 가질지 의구심을 품는 눈치였다.

실제로 지점으로 발령받은 이후에 금융 관련 투자설명회나 세미나를 한 달에 3~4회 진행하였으나, 참석 고객도 많지 않았고 새로운 고객을 유치하는 것도 쉽지 않은 상황이었다. 그런 와중에 대학생 자녀를 초청해서 세미나를 진행한다고 하니 직원들 입장에서는 부담이 클 수밖에 없었다.

그럼에도 나는 일단 지점 내 게시판과 출입문에 안내문을 부착했다. 세미나 제목은 '대기업 취업 및 면접 준비를 위한 세미나'였고, 참석 대상은 삼성증권 우수고객의 대학생 자녀 및 그 친구들이었다. 접수는 전화와 방문을 통해 10일간 받기로 했다.

나는 금융회사 지점장이지만, 언젠가부터 너가 가진 것을 나눌 수 있다면 본업에 지장을 주지 않는 선에서 최선을 다하고 싶다는 생각을 품고 있었다. 이건 자랑이 아니라 나눔의 실천이라 생각했다.

본사 근무 시절에 공채면접위원으로 참여하면서 면접이 단순한 절차가 아니라 얼마나 중요한 기회인지를 절감했다. 특히 지방대 출신 지원자들이 면접 준비에 어려움을 겪는 모습을 보며, 내가 가진 작은 경험이 도움이 될 수 있다고 느꼈다. 하지만 문제는, 내가 이 작은 재능을 필요로 하는 학생들을 직접 찾아다닐 수는 없다는 점이었다. 그래서 세미나라는 형식을 빌려 이 마음을 실천하고자 했다.

세미나 개최일 4일 전까지 신청자는 단 3명이었다. 그마저도 친구와 함께 온다고 한 인원을 포함한 숫자였다. 이쯤 되니 함께 준비하던 지점의 김 대리와 나는 이 행사를 강행할 것인지 고민하기 시작했다.
김 대리는 차분하게 현실을 짚어 주었다.

"하루 평균 50여 명이 지점을 방문하지만, 그중 대학생 자녀를 둔 고객님이 몇 분이나 계시겠습니까? 기존 투자설명회는 PB들이 고객과 상담하면서 자연스럽게 주제를 제안하고, 관심 있는 분들께 참여를 유도하는 방식이었습니다. 그런데 이번처럼 고객 자녀의 전공이나 취업 여부까지 파악하기는 현실적으로 어렵습니다."

나는 속으로 'PB라면 고객의 자산뿐 아니라 자녀 이야기도 어느 정도는 알고 있어야 하지 않나?'라는 생각을 했지만, 김 대리의 말도 일리가 있었다. 잠시 침묵이 흐른 뒤, 그는 내 기분을 풀어주려는 듯 퇴근 후 석식을 제안했고, 가볍게 식사 후 숙소로 걸어서 돌아오게 되었다.

숙소로 돌아가는 길, 커다란 LED 홍보판이 눈에 들어왔다. 바로 지점 근처에 있는 대학교의 게시판이었다. '취업률 상위 대학'이라는 문구가 선명하게 보였고, 순간 번뜩이는 아이디어가 떠올랐다.

다음 날 아침, 해당 대학 취업지원실에 전화를 걸어 우리가 준비하고 있는 세미나에 대해 설명했다. 담당자는 "직접적인 홍보는 어렵지만, 안내문을 보내주시면 복도 게시판에 부착은 가능합니다"라고 답했다. 나는 즉시 메일로 안내문을 송부했다.

세미나 개최일까지는 단 3일 남은 상황이었지만, 적은 인원이어도 예정대로 진행하기로 마음먹었다. 그리고 대학 게시판 덕분인지 몇 통의 전화 문의가 들어오기 시작했다. 나는 성실히 응대하며 누구나 참석 가능하다는 점과 학교에서 지점까지 도보 10분 거리라는 점을 강조해 안내했다.

세미나는 오후 4시에 시작 예정이었고, 나는 점심 식사 후부터 강의 자료를 돌려 보며 연습을 계속했다. 투자설명회는 익숙하지만, 대학생을 대상으로 한 세미나는 처음이었다. 더구나 그들 중엔 교수님들의 강의를 들은 경험 있는 학생들도 많을 터라 부담이 컸다.

가장 큰 걱정은 참석자 수였다. 세미나를 함께 준비하던 주니어 PB가 퇴근 후 도와주러 와서 물었다.
"몇 명분 음료를 준비할까요?"
사전 신청 인원이 적고, 예측도 어려운 상황이었기에 우리는 좌석 50석 중 20명분의 음료만 먼저 준비하고, 나머지는 예비로 준비해 두기로 했다.

세미나 30분 전, 첫 학생이 도착했다.

20분 전에는 세 명, 10분 전이 되자 삼삼오오 학생들이 들어오기 시작했다. 진행 준비를 위해 자리에 앉아 참석 인원을 확인하기 시작했는데, 놀라운 일이 벌어졌다.

오후 4시 정각.
20석의 좌석이 모두 찼고, 여유분 의자까지 사용해 총 40여 명의 대학생이 참석했다. 일부 학부모님도 함께 오셨다.

1시간 동안 준비한 강의를 마친 후, 질의응답을 위해 자리를 정리했다. 예상보다 긴 강의로 시간이 부족했지만, 학생들의 열정은 뜨거웠다. 강의 종료 후에도 학생들은 다양한 질문을 쏟아냈고, 나는 일부 학생들과는 아래층 지점장실로 이동해 추가 상담까지 진행했다.

그날 세미나에서 주고받았던 모든 대화를 일일이 기억하진 못한다. 하지만 그날 느꼈던 희열, 자부심, 그리고 책임감은 내 인생에서 잊을 수 없는 소중한 경험이 되었고, 지금의 나를 만드는 데 큰 영향을 준 순간이었다.

🐾 최고의 재능은 '경험'

다음 날 아침, 직원회의는 시작 전부터 전날 있었던 대학생 대상 세미나 이야기로 화기로운 분위기였다. 세미나를 직접 지원해 준 주니어 PB뿐만 아니라, 다른 직원들 역시 학생들이 세미나 장소를 찾기 위해 지점에 들렀을 때 마주하게 되어 잠시나마 세미나장을 둘러볼 기회가 있었기 때문이다.

회의는 시황과 주요 현안 공유로 시작했으며, 이어 본격적으로 전날 세미나에 대한 이야기를 나누었다. 해당 세미나는 지점의 단기 영업 성과에는 직접적인 도움이 되지 않았을지 몰라도, 그 자리에 앉아 있던 학생들의 부모님 중에는 우리 고객님이 계실 수도 있다고 설명했다. 그렇기에 누군가에게는 작은 도움이 될 수 있었고, 그것만으로도 의미 있는 시도였다고 강조했다.

또한 나는 직원들에게 이렇게 덧붙였다. "앞으로 고객님들과 자산관리 외에도 다양한 방식으로 소통을 이어갈 때, 대학생 자녀를 둔 고객님이 계신다면 지점장이 가진 이 작은 재능에 대해 언급해 주고, 자연스럽게 연결해 줄 수 있다면 고객에게는 뜻밖의 배려로 다가갈 수 있다"라고 말했다. 마지막으로는, 어떤 투자설명회나 세미나든 간에 '고객의 관심 주제를 어떻게 선정할 것인가'와 '모객을 위한 다양한 방법'에 대해 늘 고민하고 배워야 한다는 점을 강조했다.

그날 회의를 통해 내가 깊이 깨달은 것이 하나 있었다. 나의 최고의 재능은 내가 가진 특정 능력에서 비롯된 것이 아니라, 그동안의 '경험'에서 나온다는 사실이었다. 금융회사 지점장으로서의 직함이나, 대기업 조직에서의 역할보다 더 가치 있는 것은 내가 그동안 겪어온 실제 경험들이었다. 그 경험들을 체계적으로 정리하고 나눌 수 있다면, 그것이야말로 가장 진정한 의미의 재능 기부가 아닐까 생각하게 되었다.

그날 이후 나는 지금껏 흘려보냈던 사소한 경험들 속에서 의미 있는 것들을 되짚어 보기 시작했다. 내가 직접 겪었던 일들뿐 아니라, 동료나 선배들이 들려주는 이야기 속에서도 배울 점을 찾아내 정리하고 기록해 나갔다. 작은 깨달음이라도 메모해 두었고, 내가 시도했던 세미나나 활동에 대한 소회를 동료들과도 공유했다. 그러는 과정에서, 내가 직접 경험하지 못한 것들도 간접 경험으로 축적되기 시작했다.

사실 누구나 인생을 40대 중반까지 살아오면서 수많은 경험을 하게 마련이다. 특히 직장 생활을 꾸준히 해온 사람이라면, 어떤 업종이든 어떤 직무든 간에 그 시간 속에는 값진 배움이 숨어 있을 것이다. 그래서 사람들은 흔히 말하곤 한다.

"내가 살아온 이야기를 책 한 권으로 써도 부족하지 않다."

결국 '나눌 수 있는 재능'을 찾는다는 것은, 특별한 기술이나 타고난 능력보다도 '자신의 삶을 성찰하고 경험을 되돌아보는 과정'에서 시작된다고 생각한다. 그렇게 자신의 삶 속에 축적된 이야기와 배움을 꺼내고 정리한다면, 누구나 누군가에게 의미 있는 재능을 나눌 수 있으리라 믿는다.

🐾 현직 대기업 직원이면서 책을 쓰는 의미

금융회사 지점장으로 근무하면서, 고객 및 직원들과의 소통에 있어 나는 유독 '손 편지'를 자주 활용해 왔다. 새롭게 지점장으로 부임한 첫날, 전 직원에게 이름을 하나하나 적어가며 나의 각오를 담은 손 편지를 전달했고, 불만을 가진 고객과 상담한 후에도 필요한 자료나 판촉물을 보내면서 항상 정성스레 쓴 손 편지를 함께 동봉했다.

하지만 내 글씨체는 결코 좋은 편이 아니었다. 흔히들 '천재는 악필'이라고 농담 삼아 말하지만, 그런 말은 나와 전혀 무관하다는 것을 잘 알고 있었다. 글씨체를 교정하기 위해 학창 시절에는 붓글씨 학원을 다닌 적도 있었지만, 그것이 펜글씨 교정에는 별다른 도움이 되지 않는다는 사실을 깨닫게 되었다. 결국, 대학 시절 여름방학을 이용해 두 달간 펜글씨 학원을 수강했고, 그 경험이 지금의 손 편지를 자신 있게 쓰게 된 계기가 되었다.

편지를 쓰기 전에는 반드시 워드나 한글 프로그램으로 초안을 작성한 후 편지지에 옮겨 적는다. 그렇게 정성스럽게 준비한 손 편지 초안들은 지금도 내 컴퓨터 폴더 안에 수십 개의 문서로 저장되어 있다.
지금도 회의용 다이어리나 책상 위 메모들은 정리되지 않은 채 엉망이지만, 유독 편지를 쓸 때만큼은 펜을 쥔 손끝에 집중하게 된다.

이렇듯 손 편지를 쓰는 과정을 통해 나는 어느 순간 '책을 써 보자'는 도전을 품게 되었다.

  조직을 관리하면서 손 편지를 쓰는 일은 단순한 이벤트가 아니라, 나의 진심을 담은 소통의 방식이었다. 때로는 나 자신에게 다짐을 적는 고백의 수단이 되기도 했다. 물론, 이를 받은 이들의 반응도 나쁘지 않았다고 기억한다.

  나는 이 책을 통해 나의 재능을 알리고 싶다. 나의 작지만 진솔한 경험들을 통해 누군가가 내 이야기에 공감하고, 나와 연결될 수 있다면 그것만으로도 의미 있는 시작이라 믿는다.

  현재 나는 대기업의 수석(부장)급 직책에 있지만, 언젠가는 정년이라는 종착점에 도달하게 될 것이다. 그 시점이 오면, 지금처럼 고객들과, 선후배와, 동료들과의 교류는 자연스럽게 줄어들 수밖에 없다. 그러면 나의 재능을 나눌 기회 역시 급격히 줄어들 것이 분명하다.

  이 책은 그런 교류의 단절을 막기 위한 새로운 통로가 될 수 있다고 생각된다. 직접적인 관계는 아니더라도 간접적인 연결을 통해, 내가 가진 경험과 재능을 필요한 사람들과 나눌 수 있는 새로운 방법이 될 것이라 믿는다. 이 책이 단지 '읽히는 책'이 아니라, 나와의 또 다른 소통이자, '지속 가능한 재능 기부'의 매개가 되기를 바란다.

  물론, 그 길을 이어가기 위해서 나 역시 멈추지 않고 공부하고, 더 많은 경험을 쌓아야 한다. 더 많이 듣고, 더 깊이 보고, 더 넓게 나눌 수 있도록. 이 책은 그 출발점이자, 나의 다음 여정의 시작이 될 것이다.

Part 1.
진로/직업 선정

🐾 '진성'은 취업이 아닌 창업을 선택했다

군 복무 시절 함께 생활했던 선배님으로부터 오랜만에 전화가 걸려왔다. 반가운 안부 인사를 나눈 뒤, 선배님은 아들 이야기를 꺼내셨다. 대학을 졸업하고 작은 창업을 시작했는데, 내 도움이 필요하다는 말씀이었다. 사무실에서 사용하는 친환경 디퓨저를 생산하고 판매하는 사업이라고 하셨다.

내가 아는 선배님은 군 생활을 20년 넘게 하신 분이었고, 형수님은 국책연구기관의 연구원으로 재직하셨다. 아드님은 국내에서도 손꼽히는 명문대학에 진학했다고 들은 기억이 있다. 비교적 안정적인 가정환경 속에서 자란 아들이 창업이라는 도전을 선택한 것이 흥미로우면서도 궁금증을 자아냈다.

금융기관이라는 특성상 고객 상담실에 디퓨저 같은 향 제품은 자주 사용된다. 게다가 가격이 합리적이고 품질이 좋다면 고객 감사용 판촉물로도 충분히 고려할 수 있기에, 제품 샘플을 직접 보기로 하고 방문 일정을 잡았다.

며칠 후, 진성이는 몇 개의 디퓨저 샘플을 가지고 지점을 방문했다. 차분히 제품을 설명했고, 나는 자세히 살펴보았다. 가격은 적당했고, 친환경 원료를 사용한 점도 좋았다. 향도 부담스럽지 않아 일상적인 사용에는 무리가 없어 보였다. 하지만 아쉽게도 제품 포장에는 원료 구성, 제조일자, 유통기한 등 기본적인 정보가 전혀 표시되어 있지 않았다. 판매처 정보나 위생 관련 인증마크도 없어 정식 판촉물로 활용하기엔 무리가 있었다. 고객에게 제공되는 물품은 단순한 선물이 아니라 기업의 이미지를 전달하는 매개이기에, 작은 정보 부족도 큰 문제가 될 수 있다.

나는 솔직하게 상황을 설명하고, 지점 차원의 구매는 어렵다는 입장을 전했다. 대신, 응원의 마음으로 개인적으로 몇 개를 구매했고, 지점장실에서 진성이와 차를 마시며 창업 배경과 현재의 고민 등을 들었다.

진성이는 대학에서 경영학을 전공했고, 학업과 함께 학생회 활동에도 활발히 참여했다고 했다. 취업보다는 창업을 통해 실무를 익히고, 기업가로 성장하고 싶다는 목표를 품고 있었다. 그는 정부의 대학생 창업 지원 프로그램에 신청해 창업자금을 지원받았고, 이를 바탕으로 친구들과 함께 현재의 디퓨저 사업을 시작했다고 한다. 초기 자금은 대부분 임대료와 원재료 구입에 사용되었고, 현재는 제품 판매에 집중하고 있다고 했다.

그에게 가장 어려운 점이 무엇인지 물었다. 그는 깊은 한숨과 함께 말했다.

"제품에 대해서는 주변에서 좋게 평가해 주지만, 정작 표준화나 신뢰성을 확보하지 못해 대외적인 확장이 어렵습니다. 판매도 대부분 부모님들의 지인을 통해 이루어지고 있어요."

나는 그의 말을 들으며 한편으로는 안타깝고, 다른 한편으로는 현실적 어려움에 부딪힌 젊은 창업자의 진지함이 느껴져 응원하고 싶은 마음이 들었다. 하지만 냉정하게 봤을 때, 지금의 비즈니스는 매우 취약한 구조였다. 유통, 인증, 마케팅, 고객 대응 등 모든 부분에서 체계가 부족했다. 창업이라는 단어가 주는 멋진 이미지와는 달리, 현실은 차가웠다.

나는 평소 대학생들에게 '창업보다는 취업을 우선 고려하라'고 조언한다. 특강을 하더라도 주제를 '취업'이나 '면접' 중심으로 구성한다. 창업을 부정하거나 제한하려는 것이 아니다. 오히려 나는 직장 생활을 하며 종종 사업에 성공한 동기들이나 선배들을 보며 쿠러움을 느낄 때도 있었다. 나도 언젠가 사업을 하고 싶다는 생각을 품었던 적도 있었고, 기회가 된다면 도전해 보고 싶다는 열망도 있었다.

하지만 내가 지금까지 직장인으로 살아오며 후회하지 않는 이유는, 그만큼의 보상을 받고 있다는 점 때문이다. 내가 쏟은 노력 이상으로 보답받은 순간도 많았고, 회사 생활을 통해 얻은 경험들은 내가 가진 자산이 되었다.

창업과 취업은 인생의 중요한 갈림길이다. 하지만 이 둘은 정답이 있는 문제가 아니다. 각자의 삶의 방향, 성향, 준비 정도에 따라 선택지는 달라질 수 있다. 다만 중요한 것은 '충분한 준비'이다. 단지 멋있어 보인다는 이유로, 또는 취업이 어렵다는 이유로 창업을 선택하는 것은 위험하다.

대기업 창업주나 성공한 기업가들을 보면, 대부분 직장 생활을 통해 전문성을 쌓고, 시장의 구조와 흐름을 이해한 후 창업에 나섰다. 몇몇은 실무 경험 없이 창업에 나서 성공한 경우도 있지만, 이는 어디까지나 예외에 속한다. 우리는 평균값을 기준으로 현실적인 준비를 해야 한다.

정부의 창업지원금은 일종의 투자이다. 그 투자가 얼마나 많은 성공 사례를 만들어낼 수 있을까? 창업을 시도하는 이들 중 얼마나 많은 사람이 지속 가능한 사업을 이어갈 수 있을까? 실패에 대한 리스크는 누가 보상할 수 있을까? 이러한 질문들은 결코 간과해서는 안 된다.

창업은 인생의 큰 모험이다. 자금, 조직, 고객, 마케팅, 회계, 법률 등 수많은 변수 속에서 살아남아야 한다. 단순한 열정만으로는 부족하다. 특히 사회 경험이 부족한 20대에게는 더욱 그렇다. 그 시기에는 오히려 조직에서 배우고, 실무를 익히며 '사회 시스템'을 체화하는 것이 더 큰 자산이 될 수 있다.

나는 종종 이렇게 말한다.

"회사에 다닌다는 건, 남의 돈으로 내 사업을 미리 연습해 볼 수 있는 최고의 기회다."

이보다 더 현실적인 말이 있을까?

조직 내에서 기획, 운영, 대응, 실패, 보고, 의사결정 등 모든 것을 경험해 본 사람은 언젠가 자신의 사업을 하더라도 훨씬 유리한 위치에 설 수 있다.

진성이는 이후, 결국 사업을 접고 중소기업에 취업했다. 비록 다소 늦은 나이였지만, 관련 분야에서 일하며 창업 당시보다 더 안정적인 삶을 살고 있다고 들었다. 창업의 경험은 결코 헛된 것이 아니다. 그는 분명 기업가로서의 감각을 체득했을 것이고, 언젠가 그 경험을 바탕으로 더 큰 도전을 할 수도 있을 것이다.

그가 사업을 통해 배운 것은 단순한 성공과 실패가 아니라, 준비의 중요성과 현실의 냉정함, 그리고 자신에게 맞는 길을 찾아가는 과정이었다. 나는 그런 그를 진심으로 응원한다. 그리고 언젠가 다시 만나, 그가 이야기하는 '다음 도전'을 듣고 싶다.

창업은 삶의 마지막 수단이 아니라, 가장 진지하고 전략적인 선택이어야 한다. 그것은 곧, 인생이라는 무대에서 가장 오래 살아남기 위한 선택이기도 하다.

🔖 한약자원학과 전공의 '상호'의 관심은 투자였다

지방에서 지점장으로 근무하던 시절, 오래 알고 지내던 후배로부터 한 통의 전화를 받았다. 후배는 조심스레 자신의 아들 이야기를 꺼냈다. 대학에 재학 중인 아들이 투자에 큰 관심을 갖고 있으며, 장래에는 자산운용을 하는 펀드매니저가 되고 싶다는 꿈을 품고 있다는 것이었다. 나와 같은 금융업계에 종사하는 사람과 직접 만나 이야기를 나눠보게 해주고 싶다며, 혹시 시간을 내줄 수 있겠느냐는 부탁이었다.

나는 망설임 없이 그 제안을 수락했다. 단순한 호의가 아니라, 후배의 아들이 자신의 꿈을 향해 고민하고 있다는 사실이 반가웠고, 나 역시 누군가의 인생에 작게나마 방향을 제시해 줄 수 있는 기회라 생각했기 때문이다. 그렇게 우리는 일과 후 만나기로 했고, 조용하면서도 편하게 대화할 수 있는 장소로, 시내에 위치한 아늑한 북 카페를 선택했다. 지방이긴 했지만 그곳은 대학생들과 지역 주민들이 책을 읽거나 공부하며 시간을 보낼 수 있는 좋은 분위기의 공간이었다.

약속한 시간에 맞춰 카페에 도착했을 때 나는 조금 놀랐다. 혼자 나올 줄 알았던 후배가 아들과 함께 나타났기 때문이다. 물론 후배는 아들이 어색하지 않도록 도와주기 위한 배려였겠지만, 나는 조심스럽게 그에게 양해를 구하고 자리를 비켜줄 것을 부탁했다. 누구든 부모가 바로 옆에 있는 자리에서 자신의 진심을 드러내기는 어렵기 마련이고, 나는 그 아들과 진솔한 대화를 나누고 싶었다.

그렇게 시작된 대화의 주인공은 상호라는 이름을 가진, 또렷한 눈빛의 청년이었다. 상호는 현재 지방 국립대학교의 한약자원학과에 재학 중이며, 3학년 2학기를 다니고 있다고 소개했다. 다소 생소한 전공명에 호기심이 생겨 물어보니, 이 학과는 환경생명자원대학 산하에 있는 학과로, 한약학의 기초 이론과 실무 지식을 바탕으로 전문 인재를 양성하는 목적을 가진 전공이라고 했다.

처음부터 이 분야에 특별한 꿈이 있었던 것은 아니라고 했다. 다만 고등학교 시절 한약과 자연치유에 대한 막연한 관심이 있었고, 경쟁률이 높지 않다는 점, 그리고 전국적으로 많지 않은 전공이라는 희소성에 끌려 진학을 결심하게 되었다고 한다. 하지만 막상 입학 후에는 자신의 진로를 구체화하는 데 어려움을 겪었고, 현실적으로 이 분야의 진출 가능성이 제한적이라는 점에서 고민이 커지기 시작했다고 털어놓았다.

그 무렵 친한 친구의 권유로 대학 내 투자 관련 동아리에 가입하게 되었고, 그 활동이 상호에게 큰 전환점이 되었다고 한다. 모의투자에서 좋은 성과를 거두며 스스로도 금융에 대한 흥미와 가능성을 발견했고, 이후 관련 서적을 독학하고 금융 자격증까지 취득하며 자신의 진로를 서서히 바꾸기 시작했다. 그는 말하면서도 눈빛이 반짝였고, 자신이 진정으로 관심 있는 분야를 찾았다는 확신이 느껴졌다.

나는 그의 용기와 도전 정신에 감탄하면서도 현실적인 조언을 아끼지 않았다. 3학년 2학기라는 시점에서 전공과 무관한 진로로의 전환은 결코 쉽지 않기 때문이다. "자기소개서를 낼 수는 있겠지만, 평가자는 분명히 고민할 것이다. 이력서와 학력만 봐도 '왜 이 전공을 하고 이 길을 택했는가'라는 질문이 떠오르기 때문이다. 설령 서류에서 통과하더라도, 면접 자리에서는 더 많은 질문과 검증이 따를 것이다. 그에 대한 준비가 되어 있어야 한다"라고 나는 조심스럽게 조언했다.

그리고 나는 몇 가지 현실적인 조언을 덧붙였다. 첫째, 현재의 전공을 소홀히 해서는 안 된다는 점이다. 상호는 이미 금융에 관심이 쏠린 나머지, 전공을 통해 취득할 수 있는 자격시험에 응시할 생각조차 하지 않았다고 한다. 나는 그 점을 지적하며, "비록 그 길로 가지 않더라도, 현재 맡은 일에 충실한 모습은 평가받을 수 있는 중요한 자산이 된다. 졸업까지 필요한 과정은 성실히 마쳐야 한다"라고 강조했다. 둘째, 다른 전공생들보다 더 많은 시간을 투자해 자신의 진로에 필요한 준비를 병행해야 한다고 조언했다. 특히 금융권은 전공 외에도 실무 능력, 시장에 대한 통찰, 지속적인 학습이 중요한 분야이기 때문에 더 부지런해야 한다고 했다.

상호는 내 조언을 경청했고, 때로는 고개를 끄덕이며 받아들였다. 그는 자신이 전공을 바꾸거나 학교를 그만두는 방식이 아니라, 지금의 전공을 유지한 채 관심 있는 분야에 진출하고 싶었기에 더욱 신중한 조언이 필요했다고 말했다. 그리고 오늘의 만남을 통해 많은 점을 되돌아보고, 스스로를 더 단단히 준비해야겠다는 생각이 들었다며 진심으로 고마움을 전했다.

상호가 먼저 자리를 뜬 뒤, 후배와 다시 마주 앉았다. 후배는 한동안 상호에게 관심을 충분히 주지 못했던 지난 시간을 떠올리며, 당시 고등학교 성적에 맞춰 선택한 학과였고, 별다른 정보 없이 결정한 진학이 아들에게 부담이 되었을 수도 있다고 털어놓았다. 그러면서 이제라도 더 많은 대화를 통해 아들의 진로를 응원해 주고 싶다고 했다. 단지 '부모'로서가 아니라, '인생 선배'로서 아이의 뜻을 이해해 주고 지지하고 싶다고 말하는 그의 눈빛에 진심이 느껴졌다.

사실 이런 고민은 우리 사회 대부분의 가정에서 벌어지는 일이다. 전공과 진로가 일치하지 않는 경우는 흔하며, 재수나 삼수를 거치며 방향을 찾기도 하고, 전공은 유지하되 완전히 다른 직업군으로 진출하는 사례도 많다. 특히 문리과의 구분이 엄격하고, 수능 중심의 입시 구조 속에서 선택의 폭이 제한되다 보니, 자신에게 정말 맞는 진로를 찾는 것은 더욱 어렵다. 그 과정에서 부모와의 의견 차이, 기대의 불일치가 겹치면 갈등은 깊어질 수밖에 없다.

이런 배경 속에서 부모의 역할은 더없이 중요허진다. 부모는 단지 '진로의 방향을 정해주는 존재'가 아니라, 자녀가 자신에게 맞는 길을 탐색할 수 있도록 도와주는 '조력자'가 되어야 한다. 자녀의 성향과 특성을 누구보다 잘 아는 사람이 부모이기에, 자녀가 관심 있는 분야에 대해 다양한 경험을 해볼 수 있도록 도와주고, 필요한 자원을 제공하는 것이 중요하다. 그리고 무엇보다 중요한 것은 자녀가 스스로 결정할 수 있도록 자율성을 존중하는 태도다.

진로 선택은 개인의 삶 전반을 결정짓는 중요한 문제이다. 부모의 기대와 사회의 시선이 자녀의 선택을 제한하게 된다면, 자녀는 자신감을 잃고 혼란에 빠질 수 있다. 반대로 부모가 자녀의 결정을 존중하고, 긍정적으로 지지해 준다면 자녀는 자신만의 길을 더욱 자신감 있게 걸어갈 수 있다. 내가 만난 많은 고객과 선후배, 그리고 동료들 역시 자녀와의 진로 대화에 어려움을 겪었고, 때로는 나에게 조언을 구하는 경우도 많았다. 그럴 때마다 나는 부모가 할 수 있는 가장 큰 역할은 '적절한 거리에서의 관심'과 '현실적인 지원'이라고 이야기한다. 필요한 경우 전문가나 해당 분야의 선배들과의 연결을 주선하는 것 역시 부모가 할 수 있는 중요한 역할 중 하나다.

몇 달 후, 문득 상호가 떠올라 안부 문자를 보냈더니, 반가운 답장이 돌아왔다. 그는 졸업을 마치고, 지금은 신생 투자자문사에 입사해 리서치 보좌역으로 첫걸음을 내디뎠다고 했다. 경영이나 경제를 전공하지 않아 대형 금융사 입사는 어렵겠지만, 자신이 정말 하고 싶은 분야에서 사회생활을 시작하게 되어 만족스럽고 감사한 날들을 보내고 있다고 했다.

그는 "그날의 짧은 만남이 제 인생에 큰 자극이 되었고, 지금도 그때 들은 조언을 잊지 않고 있습니다"라고 말했다.

나는 그런 상호의 모습을 떠올리며 조용히 미소 지었다. 앞으로도 그가 업의 노하우를 차곡차곡 쌓아가며 더 큰 무대에서 자신의 꿈을 펼쳐나가길 진심으로 응원할 것이다. 누군가의 가능성에 작은 불씨를 더해줄 수 있었던 그날의 만남이, 내게도 의미 있는 기억으로 오래 남아 있다.

🎤 '승현'이는 도시계획을 전공하며 금융을 준비하고 있었다

승현이를 처음 만난 것은 삼성의 대표적인 사회공헌 프로그램인 '드림클래스' 멘토링 활동을 통해서였다. 이 프로그램은 학습에 취약한 중학생들에게 학업 및 진로에 대한 멘토링을 제공하고, 동시에 대학생과 기업 임직원 멘토가 함께 참여해 사회적 가치를 창출하는 구조였다. 멘토링은 학습 멘토와 진로·직업 멘토링으로 나뉘며, 나는 첫해에는 금융 분야 전문가 멘토로 참여했고, 이후에는 삼성 임직원 멘토로 참여하며 대학생들과의 소통 기회를 이어가게 되었다.

나는 멘토단 내에서 나이가 가장 많고 직급도 있었기에 다소 어색하지 않을까 걱정도 했지만, 오히려 그런 우려는 기우에 불과했다. 참여한 대학생들이 오히려 나를 적극적으로 멘토로 선택해 주었고, 나는 진심을 다해 그들과의 소통에 임했다. 그렇게 5명의 멘티를 맡게 되었고, 그중 유독 눈에 띄는 한 학생이 바로 '승현'이었다.

다른 멘티들이 경영학이나 경제학 전공으로 금융과 직결된 진로를 준비하고 있는 반면, 승현은 공대 계열의 도시계획학과 4학년 학생이었다. 첫 단체 미팅에서 나는 자연스럽게 그의 진로에 대해 물었다.
"도시계획을 전공하면서 금융 분야에 관심을 갖게 된 특별한 이유가 있을까요?"

승현은 망설임 없이 대답했다. "도시계획이라는 전공이 부동산과 밀접하게 연결되어 있고, 리츠(REITs)처럼 부동산을 기반으로 한 금융상품에 관심이 생기면서 금융이라는 세계에 조금씩 눈을 뜨게 되었습니다." 그 말을 듣는 순간, 나는 속으로 '이 학생, 범상치 않다'는 생각이 들었다. 자신의 전공과 금융이라는 이질적인 분야를 억지로 연결하지 않고, 그 사이의 교차 지점을 스스로 찾아내고 진로를 구상하는 태도는 분명 성숙하고 진지한 모습이었다.

하지만 당시 승현이는 금융 분야로 진출하기 위한 자격증이나 인턴 경험은 없었고, 대신 군 복무 중에 공인중개사 시험을 준비해 합격한 상태였다. 이는 부동산과 도시계획에 대한 실무적인 관심과 준비의 결과였다. 드림클래스 멘토링에 참여하게 된 계기는, 같은 분야의 봉사활동 멤버들과 진로에 대한 이야기를 나누던 중, 실무에 있는 선배의 의견을 듣고 자신의 생각을 정리하고 싶다는 마음에서였다고 했다.

그런데 이야기를 나누던 중, 그는 예상 밖의 고백을 했다. "사실 로스쿨 진학을 준비하고 있어요. 본격적으로 공부하려면 휴학도 고려하고 있습니다." 나는 순간 당황스러웠다. 도시계획, 금융, 그리고 법학까지 — 각기 다른 길이 그의 진로 테이블 위에 올라와 있었기 때문이다. 단체 미팅이었던 만큼 충분히 이야기를 나누지 못했고, 나는 조심스럽게 별도의 만남을 제안했다. 그렇게 우리는 근처 호프집에서 치킨과 맥주를 곁들인 좀 더 솔직한 이야기를 나누게 되었다.

편안한 분위기 속에서 승현은 자신이 왜 이런 선택의 기로에 서게 되었는지를 더 구체적으로 털어놓았다. 그는 대학 생활 동안 도시계획이라는 학문에 많은 관심을 갖고 성실히 공부했으며, 학점도 상위권을 유지해 왔다고 했다. 군대에서는 시간을 헛되이 보내고 싶지 않아 공인중개사 시험에 도전했고, 그 결과로 실질적인 자격도 얻었다.

그러나 3학년이 되었을 즈음, 그는 커다란 고민에 부딪혔다. 주변 선배들은 취업을 준비하거나, 대학원을 진학하며 각자의 길을 걸어가고 있었지만, 자신은 뚜렷한 진로를 정하지 못한 채 더물러 있었다. 게다가 아버지의 병환으로 가정 형편이 어려워졌고, 부모님의 바람은 점차 그를 로스쿨이라는 새로운 방향으로 이끌었다.

"처음엔 부모님의 권유였지만, 저도 사실 법학에 대한 관심이 없었던 것은 아닙니다. 도시계획이나 부동산 관련 정책, 법령 등을 접하다 보니 법이라는 분야가 얼마나 삶의 구조와 밀접하게 연결되어 있는지를 느끼게 되었고, 막연히 도전해 보고 싶은 마음이 생겼습니다."

그러나 로스쿨이라는 길은 결코 가벼운 결정이 아니었다. 시간도, 돈도, 심리적 준비도 필요했다. 본격적인 공부를 위해 휴학까지 고려해야 하는 상황에서, 그는 아직 부모님께 이 사실을 말하지 못하고 있었다. 나는 그의 복잡한 마음을 느낄 수 있었고, 말보다는 그의 이야기를 들어주는 것에 집중했다.

대화를 이어가며 나는 중학생 멘토링을 하며 느낀 점을 꺼냈다.

"중학생들은 아직 자신의 진로에 대해 구체적인 계획이 없습니다. 그저 국어, 영어, 수학을 열심히 하며 자신의 가능성을 확장해 가는 단계죠. 그런데 승현이는 이미 자신을 시험해 볼 수 있는 여러 가능성들을 탐색했고, 로스쿨이라는 도전에 앞서 고민과 경험도 충분히 했잖아요. 그렇다면 지금 '스스로를 검증할 수 있는 길'을 먼저 선택하는 것이 맞다고 생각해요."

우리는 남은 맥주를 한 잔씩 더 기울이며 진로에 대한 좀 더 현실적인 이야기를 나눴다. 나는 그의 눈빛에서 불안과 동시에 뜨거운 열정을 느꼈고, 그 열정이 올바른 방향만 찾는다면 언젠가는 분명 좋은 결실로 이어질 것이라는 믿음이 생겼다.

사실 많은 청년들이 대학에 들어가 전공을 배우고 졸업하지만, 그 전공을 그대로 살려 취업하는 경우는 드물다. 전공을 도중에 바꾸기도 하고, 사회의 요구에 따라 새로운 분야로 전환하기도 한다. 진로란 고정된 직선이 아니라, 유연하게 휘어지고 구부러지는 곡선에 가깝다. 중요한 건 그 곡선 위에서도 방향을 잃지 않고 '나만의 북극성'을 바라보는 것이다.

진로를 설계하는 데 있어 전공은 하나의 단서일 뿐이며, 진짜 중요한 것은 그 분야를 어떻게 자신만의 이야기로 풀어가느냐에 있다. 경험을 통해 스스로에게 질문을 던지고, 그 답을 찾기 위한 여정을 이어가는 태도가 진정한 진로 탐색이다. 이 시대가 요구하는 인재는 전공의 깊이뿐 아니라, 폭넓은 시각과 다양한 경험을 가진 사람들이다.

며칠 뒤, 승현이에게서 메시지가 왔다. "선배님, 어제 부모님과 진지하게 상의하고 휴학을 결정했습니다. 1년 동안 로스쿨 준비에 집중해 보려 합니다. 만약 도전이 실패로 끝난다면, 금융 분야로 다시 방향을 잡고 연락드릴게요." 나는 따뜻한 마음으로 답장을 보냈다. "언제든 다시 연락해. 연락하지 않는다면, 멋진 법조인이 되어 있을 테니 그 모습도 기대할게."

승현이와의 만남은 내게도 하나의 배움이었다. 청년들이 진로를 고민하는 과정은 결코 단순하지 않다. 사회의 기대, 부모의 바람, 자신의 흥미와 현실 사이에서 복잡한 선택을 해야 하는 이 시기에, 그들이 기댈 수 있는 건 결국 진심 어린 조언과 따뜻한 지지다. 내가 해줄 수 있는 일은 많지 않았지만, 그의 여정에 작게나마 나침반이 되어주었기를 바란다. 그리고 언젠가, 그의 이름이 법조계나 금융계에서 빛나는 날이 오기를 조용히 응원하고 있다.

🔖 '성인'의 진로의 걸림돌은 무엇이었나?

금융기관의 하루는 늘 이른 새벽부터 분주하다. 국내 주식시장의 개장 시각도 그렇지만, 최근에는 미국을 비롯한 해외 증시의 흐름이 국내 금융 시장에 실시간으로 영향을 미치기 때문에 출근 즉시 글로벌 뉴스를 챙기는 일은 이미 일상이 되어 있었다. 그렇게 모니터 앞에 앉아 하루의 시황을 정리하던 아침, 한 통의 문자가 도착했다. 보내는 이는 아주 친하지는 않으나 몇 년 전에 석식 자리에서 함께 동석했던, 상호 존칭하는 조금은 어려운 선배님이셨다.

"점심 약속 없으시면 시간 좀 내주시겠습니까?"

간단한 문장이었지만, 그 이면에는 분명히 무언가 간절한 사연이 숨어 있을 거라는 생각이 들었다. 선배님은 종로 인근에서 근무하고 계셨고, 나는 강남에 있었기에 굳이 나를 만나러 오시겠다는 것은, 단순한 식사 이상의 용건이 있음을 짐작게 했다. 마침 그날은 일정이 비어 있었고, 선배님이 직접 발걸음을 해주신다니 거절할 이유는 없었다.

점심 식사 장소는 선배님이 예약하셨고 직장인들이 흔히 찾는 간단한 식당이 아니라, 다소 조용하고 격식 있는 고깃집이었다. 분위기만으로도 대화의 무게가 느껴졌고, 선배님의 표정은 왠지 모르게 침잠해 보였다. 서로의 안부를 짧게 나눈 후, 음식이 나오자 선배님은 조용히 본론을 꺼내셨다.

"제 큰아들 말입니다. 이름이 성인이라고 합니다. 대학교는 졸업했지만, 2년 넘게 아무 일도 하지 않고 집에서 하루 종일 게임만 합니다. 어머니와는 매일 다투고요. 어찌할 바를 모르겠습니다."

말씀을 이어가시던 중, 선배님은 내가 과거에 고객이나 후배의 자녀들에게 진로 상담을 해주었다는 이야기를 들었다며. 혹시 자신의 아들도 만나줄 수 있겠냐는 부탁을 하셨다. 갑작스러운 요청에 나는 잠시 말을 잇지 못했다.

"선배님, 아무리 제가 그런 활동을 해왔다고 해도, 아드님이 선뜻 저 같은 사람을 만나려 하겠습니까?"라는 현실적인 의문이 먼저 들었다. 그리고 아버지의 조언을 들을 수 있을 정도라면, 선배님이 직접 조언해 주셔도 되지 않겠느냐는 말을 조심스럽게 덧붙였다.

그 순간, 선배님은 고개를 떨구셨고, 눈가에서 눈물이 떨어졌다. 묵직한 침묵이 식당 안을 감쌌고, 그 침묵 속에서 나는 부모로서의 깊은 회한과 자책을 느낄 수 있었다. 선배님은 조용히 말씀을 이어가셨다. "직장 생활에 매몰되어 가정엔 신경을 많이 못 썼어요. 자녀 교육은 주로 아내가 맡았고요. 그러다 하루는 늦게 퇴근했는데, 집 안이 싸움의 기운으로 가득 차 있었습니다. 참지 못하고 아들에게 손찌검을 했고, 그 일이 계기가 되어 아들은 집을 나갔습니다…."

그 이후 아들은 예전의 모습으로 돌아오지 않았다. 부모의 말은 들리지 않았고, 삶의 리듬은 부모와는 완전히 어긋나 있었다. 지금은 간신히 얼굴을 마주하고 인사 정도는 나누지만, 대화라 부를 만한 건 하지 못한다고 하셨다.

그 순간, 나는 확신할 수는 없었지만 마음이 움직였다. "선배님, 제가 해드릴 수 있는 건 많지 않겠지만, 아드님이 연락을 주신다면 꼭 만나보겠습니다."

그로부터 약 2주 후, 성인이에게서 문자 한 통이 도착했다. "아버지께 들었습니다. 자기소개서 관련해서 도움을 받고 싶습니다. 시간 내주실 수 있을까요?" 성인이의 문자는 생각보다 단정하고 정중했다. 나는 일과 후, 사무실 근처 커피숍에서 만나기로 약속을 잡았다.

처음 마주한 성인이의 모습은 예상과는 달랐다. 반항적인 태도도 없었고, 무기력해 보이지만은 않았다. 조심스럽고 약간은 경계하는 듯했지만, 질문에는 차분하게 답했다. 나는 가정사에 대해서는 묻지 않았다. 대신 대학에서 어떤 전공을 했는지, 무엇에 관심을 가졌는지, 어떤 준비를 했는지에 집중했다.

그는 경영학을 전공했고, 마케팅에 관심이 많았다고 했다. 그러나 대학 생활 동안 관련된 활동은 거의 없었고, 자격증이나 인턴 경험도 전무했다. 대신 영어는 좋아해서 토익 점수는 높은 편이라는 이야기 정도만 들을 수 있었다. 나는 그에게 몇 가지 현실적인 제안을 했다. 지금의 준비 상태로는 대기업 취업은 다소 어려울 수 있으니 중소기업에서 실무를 배우며 커리어를 시작하는 방법이 있고, 영어 실력을 살려 편입학을 통해 새로운 전공을 선택하거나 다시 대학 생활을 설계할 수도 있다고.

그 자리에서 성인이는 바로 답하지 않았다. 하지만 그의 눈빛은 이전과는 조금 달라져 있었다. 누군가의 조언을 받아들이고, 처음으로 진지하게 '자신의 미래'를 상상해 보기 시작한 듯한 눈빛이었다.

진로 탐색은 늘 그렇다. 쉽게 결론이 나지 않는다. 특히 경험이 부족한 청년에게는 '내가 뭘 좋아하지?' '나는 어떤 일을 잘하지?' 같은 질문 자체가 막막할 수밖에 없다. 흥미나 적성은 책에서 찾을 수 있는 것이 아니다. 직접 경험해 보고 부딪혀 보아야만, 자신에 대해 조금씩 알게 된다. 실패를 겪고, 우회하고, 돌아서며 만들어지는 것이다.

몇 달이 지나고, 성인이에게서 다시 연락이 왔다. 의료기기 관련 중소기업에 영업직으로 입사했다는 소식이었다. 명함 사진과 함께 짧은 인사를 보내왔다. "선배님, 첫 직장이에요. 앞으로 잘해보려고요."

짧은 소식이었지만 마음속으로는 큰 소리로 응원했다.

그로부터 한 달여 뒤에 업무로 성인이의 사무실 근처를 지나던 날, 성인이와 다시 만나 커피를 나눴다. 그는 웃으며 말했다. "사람 만나는 게 이렇게 좋은 줄 몰랐어요. 지금은 새로운 거래처에 가기 전, 어떻게 말을 꺼낼지 고민하고 준비하는 시간이 제일 설렙니다."

나는 그 이야기를 들으며 조용히 미소 지었다. 진로는 거창한 설계에서 시작되는 것이 아니다. 지금 눈앞의 일에서 보람을 느끼고, 작은 성취를 통해 자신감을 얻으며, 그렇게 다음 단계를 그려나가는 것이다.

그리고 그날의 점심, 한 아버지의 눈물은 단순한 회한이 아니라, 자식을 향한 마지막 용기였다는 걸 나는 이제야 깨닫는다. 성인이도, 그의 아버지도, 모두가 회복을 위한 여정을 시작한 것이다.

진로 탐색은 단지 '무엇을 할 것인가'에 대한 고민이 아니다. 그것은 결국 '나는 누구이며, 어떤 사람으로 살아가고 싶은가'에 대한 본질적인 질문이다. 그리고 그 답은 멀리 있지 않다. 누군가의 진심 어린 말 한마디, 누군가의 조용한 응원 한 줄 속에서, 한 걸음씩 길이 열린다.

📌 '정현'은 복수전공을 통해서 본인의 꿈을 찾아가고 있었다

정현이의 아버지는 나의 오랜 친구였다. 학창 시절을 함께하며 웃고 울던 기억이 여전히 생생한, 그런 소중한 친구였다. 그러던 어느 날, 그 친구가 조심스레 전화를 걸어 왔다. 아들 정현이가 진로에 대해 고민이 많다며, 혹시 시간을 내어 이야기를 들어줄 수 있겠느냐는 부탁이었다.

"우리 애가… 요즘 좀 많이 힘들어하는 것 같아. 너처럼 아이들 진로 잘 봐주는 사람 많지 않잖아."

정현이는 어렸을 때부터 음악, 특히 성악을 사랑했던 학생이었다. 교회 성가대에서 솔리스트를 담당할 정도로 실력이 있었고, 무엇보다 음악에 대한 열정이 단단했다. 그러나 늘 그렇듯, 예술은 열정만으로 유지하기 어려운 분야다. 음악만을 전공하기에는 가정의 현실이 녹록지 않았고, 결국 그는 음악대학에 진학하면서 경영학을 복수전공하는 선택을 하게 되었다. 자신이 사랑하는 음악은 포기하지 않되, 사회 진출의 가능성을 넓히기 위한 전략이었다.

나는 친구의 부탁을 흔쾌히 받아들이며 정현이를 만났다. 처음 대화를 나누던 순간, 그의 눈빛에서 음악에 대한 애정이 그대로 느껴졌다. 말투는 조심스러웠지만, 음악 이야기가 나오던 생기가 돌았다. 동시에, 복수전공인 경영학에 대해서도 자기 나름의 이유와 관심이 있었다. 그는 현실적인 고민 속에서도 자기 나름대로 해법을 찾기 위해 애쓰고 있었다.

그런 정현이에게 나는 조금 색다른 제안을 건넸다.

"정현아, 음악을 포기할 필요는 없어. 오히려 너만의 이야기를 만들어 보는 건 어때? 음악을 이해하고 사랑하는 금융전문가, 고객의 감정에 공감할 줄 아는 PB(Private Banker)가 되는 거야."

나는 실제로 다양한 전공을 가진 금융권 동료, 후배들의 사례를 이야기해 주었다. 상경 계열이 아닌 문학, 법학, 심지어 체육이나 예술계 전공자들도 자신만의 강점을 무기로 금융권에 성공적으로 진입해 있었다. 정현이도 음악을 포기하지 않으면서 복수전공을 활용해 차별화된 길을 찾을 수 있다고 믿었다.

정현이도 이 제안에 고개를 끄덕이며 흔쾌히 도전해 보겠다고 했다. 우리는 금융권 취업을 준비하는 대학생들의 그룹 스터디에 함께 참여했고, 자격증 시험 공부, 자기소개서 작성, 면접 연습 등 다방면의 준비를 시작했다. 그는 다른 전공자들과 함께 어울리며 열심히 따라가려 했고, 누구보다 성실한 태도로 임했다.

하지만 시간이 지나면서 정현이의 얼굴엔 점점 피로감이 드러났다. 낯선 금융 용어들, 경영학의 논리적 접근 방식, 숫자 중심의 사고방식은 그에게 익숙하지 않았다. 음악이라는 감성의 언어와는 정반대의 세계였다. 몇 차례 자격증 시험에서 연속으로 불합격했고, 함께 준비하던 상경 계열 친구들과의 격차는 정현이에게 심리적 위축감마저 안겨주었다.

어느 날 그룹 미팅이 끝난 후, 정현이가 조용히 내게 다가와 따로 시간을 요청했다. 우리는 근처 조용한 카페에서 마주 앉았고, 정현이는 조심스럽게 말을 꺼냈다.

"선배님, 처음에 도와주셔서 진심으로 감사했어요. 저도 정말 해보려고 했고, 많이 배웠어요. 그런데 솔직히 말하면 너무 힘들어요. 음악 전공 하나만으로도 벅찬데, 금융까지 병행하려니 제 자신이 점점 무너지는 것 같아요."

그는 이제 곧 졸업 연주회를 준비해야 했고, 팀 프로젝트와 앙상블 연습이 한창이었다. 음악 전공은 단순히 이론으로 끝나는 학문이 아니었다. 연습실에서 악기와 몸을 부딪치며 시간을 쏟아야 하고, 팀워크도 필요했다. 그런 상황에서 금융이라는 낯선 분야까지 병행한다는 건, 그의 말처럼 두 배의 부담이었다.

나는 말없이 그의 말을 들으며 생각에 잠겼다. 처음 제안을 건넸던 내 마음은 분명 진심이었다. 그가 현실을 고려하면서도 열정을 놓지 않기를 바랐고, 음악을 중심에 둔 색다른 진로 설계를 해보자고 생각했다. 하지만 그것이 정현이에게 너무 무거운 짐이 될 것은 아니었는지, 스스로 돌아보게 되었다.

"정현아, 네가 진심으로 좋아하는 게 음악이라면 그게 너의 중심이 되는 게 맞아. 진로는 네 삶의 무게 중심을 어디에 두느냐의 문제야. 지금 이 선택은 절대 포기나 실패가 아니야. 오히려 네가 스스로를 돌아보고 내린 결정이라면, 그것이 가장 현명한 길일 거야."

정현이는 고개를 끄덕이며 눈가에 작은 미소를 지었다. 그 표정을 나는 지금도 기억한다. 포기하지 않고 자신을 이해하고 받아들이는 사람만이 지을 수 있는 표정이었다.

요즘은 복수전공, 부전공을 통해 자신의 진로 선택지를 넓히려는 대학생들이 많다. 어떤 학교는 복수전공을 의무화하거나 장려하며, 커리어 설계의 기본 전제로 삼기도 한다. 실제로 복수전공은 두 개 이상의 전문 분야를 넘나들 수 있는 경쟁력을 안겨주며, 다양한 산업에서 통합적 사고를 요구하는 시대 흐름에 부합하는 준비 전략이 되기도 한다.

복수전공의 장점은 명확하다. 융합형 인재로 성장할 수 있다는 점, 그리고 하나의 전공으로는 설명하기 어려운 복합적 문제를 해결할 수 있는 기회를 제공한다. 예를 들어, 컴퓨터공학과 경영학을 함께 전공한 학생은 IT 기반의 창업, 데이터 분석 기반의 전략 수립 등 다양한 분야에서 자신만의 입지를 다질 수 있다.

하지만 그만큼 학업 부담도 크다. 시간 관리, 수업 스케줄, 과제 분산 등에서 어려움을 겪을 수 있고, 본래의 전공마저 흐려지는 경우도 많다. 복수전공은 분명 경쟁력을 높일 수 있는 전략이지만, 자신의 진로 방향과 연결된 전략적 선택이어야 한다. 그렇지 않으면, 수박 겉핥기식으로 전공을 소비하고 진로에 혼란만 더할 수 있다.

정현이는 결국 음악 전공을 충실히 마무리하고, 졸업연주회를 성대히 치른 뒤 졸업했다. 그리고 금융권에 직접 진출하지는 않았지만, 금융 관련 전문 언론사에 입사해 실무 경험을 쌓으며 커리어를 시작했다. 콘텐츠 기획, 인터뷰, 기사 작성 등을 맡으며 금융의 흐름을 바라보고 분석하는 일을 하고 있다.

그가 나에게 연락을 준 적이 있었다.
"선배님, 금융전문가가 되지는 못했지만, 그때 배웠던 것들이 지금 제가 쓰는 기사 하나하나에 녹아 있어요. 그리고 음악은요… 계속하고 있어요. 지역 문화 센터에서 아이들한테 성악 가르치고, 주말에는 봉사 연주도 다녀요."

나는 그의 메시지를 읽고 조용히 웃었다. 처음 꿈꿨던 금융전문가의 길은 아니었지만, 정현이는 결국 자기만의 방식으로 두 세계를 연결해 냈다. 음악은 그의 정체성이 되었고, 금융은 그의 시야를 넓혀준 또 다른 언어가 되었다.

진로란 꼭 하나의 길만 있는 것이 아니다. 예술과 실무, 감성과 이성, 현실과 이상 — 그 사이에서 균형을 찾고, 자기만의 색으로 그려나가는 과정이다. 정현이는 그 과정을 누구보다 성실하게 걸어왔다. 그리고 나는 그 여정을 함께할 수 있었던 것이 참 감사했다.

앞으로도 정현이처럼 자신만의 리듬으로 인생을 연주해 나가는 청년들을 응원하고 싶다. 한 번의 선택이 모든 것을 결정하지는 않는다. 중요한 것은, 자신이 선택한 길에서 어떻게 자신을 이해하고 성장해 가는가이다.

🔖 '지율'과 '시아'는 진로를 고민하는 중학생

지율이와 시아, 두 학생의 얼굴이 지금은 정확히 떠오르지 않는다. 우리가 만났던 방식이 화면 너머, 온라인 줌(Zoom)을 통해서였기 때문이다. 내가 소속된 회사에서는 그룹 차원에서 '드림클래스'라는 사회공헌 프로그램을 진행하고 있다. 전국의 중학생들에게 진로에 대한 꿈과 방향을 찾을 수 있도록 돕는 사회봉사 프로그램이었다.

나는 중학생과의 연령 차이 때문에 처음에는 망설였지만, 그동안 현장에서 쌓아온 경험을 나누고 싶어 현직 멘토로 참여하게 되었다. 프로그램은 온라인과 오프라인으로 병행되는데, 온라인 강의 일정에 참여한 날이 있었다. 기억에 남는 이유는, 그날 마침 중요한 석식 미팅이 있었기 때문이다. 어쩔 수 없이 회식에 잠시 얼굴을 내고는, 오랜만에 만난 동료들에게 양해를 구하고 술도 삼간 채 택시를 타고 서둘러 귀가해 줌 강의에 접속했던 기억이 난다.

시간을 맞춰 강의에는 무사히 참여했지만, 중학생 멘티들에게 내가 어떤 모습으로 비쳤을지 걱정이 앞섰다.

사실, 중학생을 대상으로 진로 이야기를 하는 건 생각보다 훨씬 더 어렵다. 나는 '어떤 메시지를 어떻게 전달해야 할까' 고민하지 않을 수 없었다. 다른 멘토들이 준비한 강의 자료를 살펴보면, 대부분 자신이 하고 있는 직무와 그에 이르기까지 어떤 경로를 걸어왔는지를 중심으로 구성되어 있었다. 직무 중심의 소개와 대학 시절의 준비 과정에 초점을 둔 구성이었다.

그러나 나는 조금 다른 방향으로 이야기해 보고 싶었다. 내가 하고 있는 '금융'이라는 일을 중심에 두되, 단순한 직업 소개를 넘어, 진로 선택의 관점에서 '금융'이 어떤 통찰을 줄 수 있는지 이야기하고자 했다. 금융을 전공하라는 메시지가 아니었다. 오히려 금융이라는 영역이 세상의 흐름을 어떻게 반영하고 있는지를 통해, 세상을 읽는 방법을 보여주고 싶었다.

나는 아이들에게 이렇게 이야기했다.

"금융은 곧 돈의 흐름입니다. 돈은 살아 있는 생명처럼 움직입니다. 그리고 그 흐름을 따라가다 보면, 우리가 살고 있는 세상, 그리고 그 세상의 변화가 보입니다. 그 변화 속에서 내가 어떤 방향으로 가야 할지 힌트를 얻을 수도 있습니다."

다소 어려운 개념일까 봐, 아이들의 눈높이에 맞춰 예를 들어 설명했다.

"몇 년 전만 해도 중국이 뉴스의 중심에 있었어요. 유학도 많이 가고, '차이나 머니'라는 말도 많았죠. 그런데 요즘은 그런 이야기를 잘 못 들어요. 대신 다시 미국 이야기가 많아졌어요. 왜 그럴까요?"

학생들에게 질문을 던지고, 스스로 생각해 보게 했다. 일부 학생들이

'정치적인 문제', '코로나 이후 변화' 등 다양한 답을 내놓았다. 나는 바로 그 변화가 진로에도 영향을 줄 수 있다는 점을 이야기해 주었다.

"세상의 흐름을 아는 사람은 진로를 고를 때도 중심을 잃지 않습니다. 뉴스나 신문을 보는 습관, 세상 돌아가는 일에 관심을 가지는 태도 — 이것이 여러분의 진로에도 도움이 됩니다."

화면 너머 아이들의 반응은 단정할 수 없었지만, 강의 후 전달받은 긍정적인 피드백은 내가 전달하고자 했던 메시지가 어느 정도 잘 전달되었다는 안도감을 주었다.

며칠 후 프로그램 운영팀으로부터 강의 후기에 대한 피드백 메일이 도착했다. 중학생 멘티들의 후기를 비롯해, 진행을 맡은 선생님들의 평가도 함께 담겨 있었다. 그중에서도 지율이와 시아의 소감이 유독 마음에 남았다.

"중학교 시절이 거의 끝나가는데 아직 진로를 정하지 못했다. 그런데 이번 강의를 통해 방향을 잡는 데 도움이 되었다."
"진로에 대한 확신을 갖게 되는 유익한 시간이었다."

간단한 문장이었지만, 내가 전한 이야기가 누군가의 마음에 작은 흔적을 남겼다는 사실이 감사했고, 큰 보람으로 다가왔다.

운영을 맡은 선생님의 평가에는 이렇게 적혀 있었다.

"멘티들과의 채팅에 적극적으로 반응해 주시고, 양방향 커뮤니케이션이 돋보이는 강의였습니다. 현실적인 조언을 통해 학생들이 직업과 진로를 보다 실질적으로 고민할 수 있는 계기가 되었으며, 통일된 디자인과 구성이 좋았습니다. 다만 중학생 연령을 고려한 더 쉬운 용어 사용이 추가된다면 더욱 효과적일 것입니다."

피드백을 읽으며 나는 한 가지 중요한 사실을 되새겼다. 아무리 사회 경험이 많고 직무 역량이 있다고 하더라도, 교육의 현장에서는 배우는 자세가 더욱 필요하다는 것이다. 내가 전한 이야기가 학생들에게 어떻게 닿을지, 어떤 언어로 표현할지를 계속 고민하고, 피드백을 통해 나도 함께 성장해 가야 한다는 사실을 다시금 느꼈다.

나는 중학생의 진로 고민이야말로 인생의 전환점이 될 수 있는 중요한 시기라고 생각한다. 아직은 미완의 존재로, 자기 자신이 누구인지조차 모를 수 있는 나이. 그러나 이 시기에 어떤 경험을 하느냐에 따라 인생의 방향이 달라질 수 있다.

중학생들은 자신의 관심사와 적성, 가족의 기대, 그리고 사회적 요구 사이에서 조용히, 혹은 격렬하게 고민한다. 문제는, 그 고민을 진지하게 다룰 수 있는 기회가 많지 않다는 것이다. 교실의 교육은 주로 학업 성취도에 집중되어 있고, 진로에 대한 개별적 상담이나 경험의 기회는 턱없이 부족하다. 그래서 '드림클래스' 같은 프로그램은 더욱 소중하다.

학생들이 멘토를 통해 새로운 직업 세계를 접하고, 자신의 관심을 탐색하며, 나아가 자아를 확장해 가는 과정 자체가 이미 의미 있는 진로 설계의 첫걸음이다.

물론, 부모와의 대화 또한 중요하다. 부모의 조언은 자녀의 진로 결정에 큰 영향을 미친다. 그러나 부모의 기대와 아이의 바람이 다를 경우, 갈등이 생길 수 있다. 그렇기에 부모-자녀 간의 열린 소통이 무엇보다 중요하며, 때로는 부모도 멘토의 역할을 외부에 위임함으로써 자녀가 '스스로 탐색할 수 있는 기회'를 만들어주는 것이 필요하다.

중학생들에게 진로 선택의 직접적인 계기가 되는 것은 '고등학교 선택'이다. 특목고, 마이스터고, 일반계고, 혹은 국제학교까지 — 각각의 고등학교는 교육과정에 따라 대학 전공과 직결되는 진로의 기반이 되기 때문이다. 이 시점에서 진로에 대한 명확한 이해와 자기 탐색은 매우 중요하다. 진로는 단기간에 정리되는 것이 아니라, 지속적으로 발전하고 조정되어야 하는 여정이라는 점 또한 이들에게 알려줘야 한다.

이번 드림클래스 참여는, 나에게도 배움의 시간이었다. 단순한 지식 전달을 넘어서, 세대 간 소통의 중요성, 관심의 언어, 교육자로서의 겸손을 다시금 느끼게 해주었다. 지율이와 시아의 이름을 언젠가 다시 볼 수 있을까? 모르겠다. 하지만 그날 그들이 진로에 대해 조금 더 명확해졌다고 느꼈다면, 그것만으로도 나는 이 역할을 해낸 것이라고 믿는다.

앞으로도 누군가의 삶에 작은 불빛이 될 수 있다면, 나는 기꺼이 다시 강의 자료를 만들고, 화면 앞에 앉을 것이다. 그리고 그렇게, 나 또한 조금씩 성장할 것이다.

Part 2.
취업 준비

▲ '호진'의 취업 준비 출발은 어디서부터였을까?

금융회사 지점장으로서 처음 대학생에게 진로 조언을 해주었던 기억은 지금도 선명하다. 그 시작은 낯선 지방 도시에서였다. 대학 졸업 후 고향을 떠나 수도권과 대도시를 중심으로 커리어를 쌓아오다 20여 년 만에 다시 고향으로 내려오게 되었다. 오랜만에 돌아온 지역 사회에서, 지점장으로서의 존재감을 세우기 위해서는 단순한 업무 수행을 넘어 지역사회와의 적극적인 소통이 필요하다고 판단했다.

그래서 나는 두 가지 활동을 시작했다. 하나는 지역 신문에 주간 칼럼을 기고하는 것이었고, 다른 하나는 지역 국립대학교의 경영자 과정(Executive MBA)에 등록해 지역의 다양한 리더들과 교류하며 지역 네트워크를 넓히는 일이었다. 이는 단순한 학습이나 커리큘럼 참여를 넘어 지역에서 나의 존재를 알리고, 동시에 지역민의 삶과 가치를 체감하는 통로이기도 했다.

경영자 과정을 통해 지역에서 사업체를 운영하고 있는 한 대표님을 알게 되었고, 어느 날 우연한 대화 속에서 그분의 자녀, 서울 소재 대학에 재학 중인 아들의 진로에 대한 고민을 듣게 되었다. 아직 확실한 방향을 정하지 못하고 있지만, 금융 분야에 관심이 있다는 말이었다. 나는 즉석에서 말했다.

"저도 처음 겪는 일이라 부족할 수 있지만, 금융사 취업을 고민하는 중이라면 방학 동안 잠시라도 상담해 보도록 하죠."

그렇게 연락을 받고 찾아온 학생이 바로 호진이었다. 방학을 맞아 지방으로 내려온 그는 수줍고 조용한 인상이었지만, 눈빛 속에 고민의 흔적이 엿보였다. 나 역시 처음으로 대학생과 마주 앉아 진로에 대한 조언을 하는 자리였기에, 조심스럽고 진중하게 대화를 시작했다.

호진이와의 첫 만남은 길지 않았다. 다만 그 짧은 대화 속에서도 나는 그가 금융업에 막연한 관심은 있지만 확신은 없다는 것을 느낄 수 있었다. 단순한 조언만으로 방향을 제시하기엔 부족하다고 판단했다. 마침 회사에서 우수고객 자녀를 대상으로 한 '사내 단기 인턴십 프로그램'이 운영 중이었고, 나는 그 기회를 호진에게 제안했다.

해당 프로그램은 단기 아르바이트 형식으로, 제한된 업무만 수행할 수 있었지만, 금융회사라는 조직의 현장 분위기와 실무 흐름을 체험할 수 있는 소중한 기회였다. 나는 호진에게 지점 내 고객 안내, 창구 정리, 간단한 동선 설명 등 비교적 접근이 쉬운 업무를 맡겼고, 업무 종료 30분 전에는 직원이나 나와 함께 앉아 금융업 전반에 대해 궁금한 점을 자유롭게 질문하는 시간을 가졌다.

이 프로그램의 핵심은 단순히 인력 보충이나 형식적인 체험이 아닌, 현업과의 자연스러운 접점 속에서 진로를 점검할 수 있도록 하는 것에 있었다. 나는 무엇보다 대학생들이 단순한 이력서 작성이나 교과서적 정보가 아닌, 현장을 체험하고 사람을 만나는 과정을 통해 진로를 설계하길 바랐다.

2주간의 짧은 일정이 끝나는 날, 나는 호진과 조용히 마주 앉아 간단한 면담을 진행했다. 그 시간은 단순한 정리나 평가의 시간이 아니라, 그가 무엇을 보고 느꼈는지, 그리고 앞으로 어떤 방향으로 걸어갈지 스스로를 돌아보는 시간이었다.

"지점 분위기는 어땠나요?", "기대했던 금융업과 실제는 어떻게 달랐나요?", "선배 직원들과의 대화에서 인상 깊었던 점은요?", "혹시 업무 중 힘들어 보이거나 막연했던 순간은 없었나요?"

그는 조심스럽지만 진지하게 답했다. 지점은 생각보다 체계적이었고, 고객 응대는 단순히 일 처리를 넘어 인간관계의 기술이라는 것을 깨달았다고 했다. 한 직원은 민원 응대를 하면서도 끝까지 차분하게 고객을 대했고, 다른 직원은 자신의 커리어 로드맵을 설명해 주며 '금융 안에서도 다양한 직무와 길이 있다'는 점을 말해 주었다고 했다.

무엇보다 그는 이 짧은 경험을 통해 금융사에 대한 막연한 이미지를 걷어내고, 보다 구체적인 진로의 이미지와 준비 목록을 갖게 되었다고 했다.

"앞으로 제가 뭘 준비해야 할지 조금 더 명확해졌어요. 생각을 정리하고, 계획을 세워 다시 찾아올게요."

나는 그 말이 얼마나 반가웠는지 모른다. 이 짧은 시간이 단순한 체험이 아니라, 그의 진로 선택에 실질적인 전환점이 되었음을 느꼈기 때문이다.

호진이의 아버지께도 이 과정을 간략히 보고드렸다. 바쁜 사업으로 아들에게 깊이 관여하지 못한 것을 미안해하셨지만, "아들이 해보겠다면 어떤 길이든 지원할 생각"이라며, 진심으로 감사 인사를 전하셨다.

많은 대학생들이 진로를 선택할 때, 책에서 본 정보나 선배의 짧은 조언, 온라인 정보에 의존하는 경우가 많다. 그러나 진로란 그렇게 결정되는 것이 아니다. 나는 진로는 '살아 있는 경험' 속에서 비로소 자신에게 맞는지를 확인할 수 있다고 믿는다.

현장에 가서 사람을 만나고, 실제 업무를 보고, 긴장과 감동, 심지어 지루함까지도 체험해 봐야 그 직업이 나에게 맞는지를 알 수 있다. 그런 의미에서 기업들이 운영하는 '인턴십', '대학생 멤버십 프로그램'은 단순한 채용 수단이 아니라, 미래의 인재를 발견하고 길을 안내하는 중요한 플랫폼이다.

내가 호진에게 추천한 또 하나의 프로그램은 내가 소속되어 있던 회사에서 진행하고 있는 '영 크리에이터(Young Creator)' 프로그램이었다. 이는 대기업 금융 그룹에서 운영하는 대표적인 대학생 멤버십 프로그램으로, 창의성과 금융 역량을 겸비한 인재를 선발해 실무 교육과 프로젝트 중심의 활동을 제공하는 제도다.

2024년 기준으로 13기, 무려 14년의 전통을 가진 프로그램이며, 참가자는 실제 금융 현장에서의 실습, 전문가 강의, 우수 인재로서의 인턴 연계, 그리고 공채 시 우대 혜택까지 다양한 기회를 누릴 수 있다.

호진 같은 학생에게는 진로 확정 이전에 적성과 비전을 점검할 수 있는 최적의 무대가 될 수 있다.

물론 이러한 프로그램만이 해답은 아니다. 다양한 기업들이 전공과 무관하게 참여할 수 있는 인턴십, 산학연계 실습, 커리어 캠프 등을 운영하고 있고, 중요한 것은 자신의 진로에 대한 고민이 구체화되기 전에, 직접 경험해 보는 용기와 기회를 잡는 것이다.

지점장으로서의 첫 진로 멘토링 경험은, 나에게도 큰 의미였다. 금융사에서의 역할은 단지 상품을 판매하고 수익을 내는 것이 아니라, 때로는 사람의 길을 함께 고민하고 안내하는 일이기도 하다는 걸 다시금 느끼게 해주었다.

호진과 같은 젊은이들이 자신만의 길을 찾아갈 때, 우리가 할 수 있는 일은 멀리서 '이쪽이야'라고 외치는 것이 아니라, 그 길에 함께 발을 맞추어 걷는 것이다. 조용히 옆에서 걸어주고, 넘어질 때 다시 일어설 수 있도록 손을 내미는 일. 그렇게 또 한 사람의 인생에 작은 이정표가 되어주는 일. 그것이 어쩌면 우리가 할 수 있는 가장 따뜻한 멘토링 아닐까.

앞으로도, 내가 있는 자리에서 그런 길 안내자가 되어주고 싶다.

🐾 군복 입고 어머니의 뜻에 따라 찾아왔던 '성용'이

서울 강남, 부유층 고객들이 밀집한 지역에서 지점장을 맡고 있을 당시였다. 어느 날, 지점의 PB가 인근 고급 아파트에 거주하시는 우수고객 부부가 직접 지점을 방문하신다며, 지점장으로서 인사를 부탁해 왔다. 평소와 같이 당연한 절차였기에 흔쾌히 인사를 드리겠노라 답하고, 고객님의 성함을 확인한 후, 지점장으로서 권한 내에서 계좌 잔고와 거래 내역을 살펴보았다. 금융기관에서는 고객의 개인정보를 철저히 보호하기 때문에, 고객 비밀번호 확인 없이 계좌 정보를 열람할 수 있는 사람은 지점장과 해당 PB뿐이다.

고객의 잔고는 적지 않았다. 거래 규모로만 보면 분명 우수고객이라 할 수 있었지만, 문제는 수익률이었다. 보유 자산의 운용 성과가 기대에 못 미치는 상황이었다. 그 무렵 시장은 장기간의 하락세로 인해 대부분의 고객들이 손실을 경험하고 있었고, PB들도 민감한 고객 응대에 어려움을 겪고 있었다. 그래서인지 PB는 평소보다 신중한 태도로, 지점장인 나의 동석을 요청한 것이었다.

방문은 오후로 예정되어 있었고, 나는 고객 내외분을 위한 편안한 응접실을 미리 준비해 두었다. 고객이 도착하자 PB와 함께 인사를 드렸다. 처음 뵙는 자리여서인지 두 분의 표정에서는 어딘가 굳은 기색이 느껴졌다. 먼저 금융시장의 최근 흐름에 대해 설명드리고, 그로 인해 수익률이 저조할 수밖에 없었던 배경을 차분히 전해드렸다. 고객님은 수익률에 대한 우려를 직접 표현하셨고, 그에 따르는 실망도 감추지 않으셨다. 대부분의 고객이 수익률에 만족하지 못할 때 PB가 아닌 지점장에게 직접 불만을 전달하곤 한다. 이 자리에서도 마찬가지였다.

마침 PB가 음료를 준비하러 자리를 비운 사이, 고객님은 평소 PB의 대응에 대한 아쉬움을 조심스럽게 털어놓으셨다. 다만, 시황에 대해 꾸준히 설명을 받고 있었기에 PB에게 감정적인 불만은 크지 않다고 덧붙이셨고, 오늘은 특히 아내와 함께 직접 들어보고 싶어 시간을 내셨다고 하셨다. 이어서 준비된 음료가 도착하고, 우리는 자연스럽게 일상적인 이야기로 대화를 이어갔다. 거주지, 자녀의 이야기, 생활 방식 등 고객의 일상적 배경을 공유하는 과정은 단순한 상담 이상의 소통으로 이어졌다.

두 분은 도보로 이동할 수 있는 고급 아파트에 거주하며 중소기업을 운영 중이셨고, 딸은 직장 근처에서 자취를, 아들은 군 복무 중이라고 하셨다. 아들 이야기가 나오자 사모님의 표정이 다시금 굳어졌다. 나는 조심스럽게 전공과 학교에 대해 여쭤보았다. 아들은 서울의 중위권 대학에서 경제학을 전공하고 있었고, 현재 전투경찰로 복무 중이며 6개월 후에 전역 예정이라는 답이 돌아왔다.

나는 평소 내가 참여해 온 진로 멘토링 활동에 대해 간단히 설명드리고, 아드님과도 기회가 되면 진로에 대해 함께 이야기해 보고 싶다고 제안드렸다. 그 말이 끝나자마자, 사모님께서는 내 손을 덥석 잡으시며 다급하게 말씀하셨다.

"지점장님, 우리 아들 좀 꼭 만나주세요. 제가 남편 따라 여기까지 온 이유가 있었네요. 정말 부탁드립니다."

뜻밖의 반응에 나도 당황했고, 중소기업을 운영하신다는 남편분도, 옆에 있던 PB도 순간 눈이 커졌다. 사모님은 이야기를 이어가셨다. 아들이 초등학교 때까지만 해도 영특하다는 말을 자주 들었고, 공부도 곧잘 했다고 한다. 하지만 중학교에 진학하면서 방황하기 시작했고, 가출을 반복하고, 공부에는 아예 흥미를 잃었다고 했다. 막내라서 더 걱정이 컸지만, 고등학교 3학년이 되어서야 마음을 다잡고 뒤늦게 공부를 시작했다고 했다. 스스로 군 입대를 결정한 것도 다행이라며, 이제는 정말 제대로 자신의 길을 찾고 살아가길 바라는 간절함이 묻어났다. "돈이야 부족하지 않아요. 그런데 돈이 무슨 소용이에요. 우리 아들, 사람 좀 만들어 주세요. 수익률은 안 좋아도 괜찮아요." 사모님의 눈빛은 단호하면서도 애틋했다.

나는 그날 지점장의 명함을 두 장 건넸다. 한 장은 부모님께, 다른 한 장은 아드님께 전달해 달라는 의미였다. 그로부터 두 달 후, 지점 창구에서 한 통의 내선전화가 걸려 왔다. 지점장을 찾아온 손님이 있다는 전갈이었다. 잠시 후, 문을 두드리고 들어선 사람은 전투경찰 복장을 한 성용이었다. "안녕하십니까? 고객 ○○○ 님의 아들, 성용입니다. 충성!" 익숙한 군인의 인사와 함께 서 있는 그는, 군복을 입었지만 여전히 앳된 얼굴의 대학생이었다.

성용은 전역 후 복학을 앞두고 있었고, 이전에는 진로에 대해 깊이 고민해 본 적이 없다고 했다. 하지만 군 복무 중 다양한 연령대와 배경을 가진 동료들을 만나면서 취업에 대해 자연스럽게 고민하게 되었다고 한다. 특히 대화 속에서 서로의 준비 수준이 너무나 다르다는 것을 깨닫고, '어떻게 준비해야 할지 가이드를 받고 싶다'며 나를 찾아온 것이었다.

나는 대학생들의 학년별 진로 준비에 대해 그동안의 경험을 바탕으로 조언을 해주었다. 1학년은 대학 생활을 충분히 즐기되, 학점 관리만큼은 절대 소홀히 하지 말 것. 자신의 흥미에 기반한 아르바이트나 동아리 활동도 충분히 권장되지만, 그 안에서 '경험의 의미'를 찾는 것이 중요하다고 강조했다. 2학년은 본격적인 진로 탐색의 시작점이다. 전공에 대한 집중과 동시에, 학내 취업 지원 프로그램, 직무 탐색 활동, 기업 설명회 등 외부 자극을 경험해 보는 시기다. 방학 중 인턴십이나 현장 체험형 활동을 통한 실무 감각 축적도 권장된다.

3학년은 취업 준비가 본격화되는 시기다. 자격증 취득, 외국어 실력 강화, 대외 활동 등을 통해 '경쟁력 있는 나'를 만들어야 하며, 특히 인턴십은 단순한 경험을 넘어 커리어의 방향성을 검토할 수 있는 중요한 계기가 된다. 4학년은 실전이다. 졸업을 앞두고 있는 만큼 채용 일정에 맞춘 자기소개서, 포트폴리오, 면접 준비가 본격화되며, 이 시기야말로 여태까지의 준비가 결과로 나타나는 시간이다.

나는 성용에게 금융 분야에 대한 관심이 있다면 구체적인 준비 방법과 기업 정보, 인턴 프로그램 등을 알려주겠다고 했고, 성용은 군 전역 후 다시 찾아오겠다는 약속을 남기고 돌아갔다. 그날 저녁, 성용의 아버지로부터 감사의 전화가 걸려 왔다. "부모가 해줘야 할 고민을 대신 해주셔서 감사합니다. 애는 착한 놈입니다. 지점장님께서 방향만 잘 잡아주시면, 알아서 갈 수 있을 거라 믿습니다." 그 목소리엔 믿음과 감사, 그리고 안도감이 담겨 있었다.

나는 이 일을 통해 다시 한번 확신하게 되었다. 진로와 취업이라는 인생의 큰 전환점을 앞두고 있는 청년들에게 필요한 것은 단순한 정보가 아니다. 누군가 진심으로 귀 기울여 주고, 방향을 함께 고민해 주는 사람, '조력자'다. 그리고 부모의 부(富)나 사회적 지위와는 무관하게, 자녀의 미래를 향한 부모의 애정은 그 무엇보다 절실하고 크다는 사실도 다시금 느낄 수 있었다.

앞으로도 나의 경험이 누군가에게 작은 길잡이가 될 수 있다면, 그리고 그들이 조금 더 자신감 있게 자신의 길을 걸어갈 수 있다면, 나는 언제든 그 역할을 기꺼이 감당하고 싶다. 진로란 혼자 결정하는 것이 아니라, 함께 고민하고 함께 걷는 과정임을 믿기에.

📌 '정미' 학생은 변화하는 취업 환경을 준비했다

공공기관의 채용 과정은 대기업들과 차이가 크지는 않지만 변화가 많은 편이다. 새로운 크고 작은 이슈를 모두 반영하기 때문이다. 정미라는 학생은 직접 대면은 하지 못했으나 공공기관의 온라인 면접에 참여하면서 기억에 남는 학생이었다. 온라인 면접에 참여하면서 모든 준비가 마치 현장에서 직접 대면하는 것처럼 준비된 모습의 참여였기 때문이다.

회사의 배려로 '전문면접관 2급 자격증'을 취득한 후, 공공기관의 채용 면접에 외부 면접관으로 참여하게 되었다. 면접은 비대면, 즉 온라인 방식으로 진행된다고 안내받았다. 코로나19 팬데믹 이후 비대면 면접이 점차 확산되고 있다는 사실은 알고 있었지만, 실제로 그 현장에 참여하는 것은 나에게도 처음 있는 일이었다. 한편으로는 기대가 되었고, 또 한편으로는 여러 가지 우려가 떠올랐다. 과연 화면을 통해 지원자의 태도와 역량을 대면 면접처럼 정확히 파악할 수 있을까? 음성이나 영상을 통해 전달되는 미묘한 분위기, 지원자의 긴장감, 자신감은 제대로 감지할 수 있을까? 면접 중 기술적 오류나 네트워크 불안정 같은 문제가 발생하지는 않을까?

면접 당일, 현장은 예상보다 훨씬 정돈되고 체계적이었다. 면접관이 앉은 자리에는 화상 회의에 적합한 조명과 음향 장비가 준비되어 있었고, 면접이 진행되는 PC는 테스트를 마친 상태였다. 책상은 면접관끼리 서로 얼굴을 보며 의논할 수 있도록 배치되었고, 중앙의 큰 화면에는 지원자의 상반신이 클로즈업되어 표시되었다. 이는 면접관들이 더욱 집중하여 지원자의 말과 표정, 시선을 세밀히 관찰할 수 있도록 구성된 환경이었다.

지원자들은 미리 공지받은 일정에 맞춰 접속하였고, 한 사람씩 순차적으로 입장하며 면접을 치렀다. 처음 몇 명을 지켜보는 동안, 나는 대면 면접과의 차이점보다 공통점을 더 많이 느꼈다. 물론 직접 대면하여 느껴지는 에너지와 현장감을 100% 대체할 수는 없었지만, 오히려 화면을 통해 지원자의 표정, 말투, 시선, 작은 제스처 하나하나가 더욱 명확하게 드러나는 점은 장점이라 느껴졌다. 화면을 통해 상대를 바라보는 특성상, 눈빛이나 얼굴 근육의 움직임, 미묘한 떨림이나 긴장까지도 쉽게 포착되었다.

면접은 사흘간 진행되었고, 나는 그 시간 동안 수십 명의 지원자들을 만나며, 디지털 시대의 새로운 면접 문화를 실감할 수 있었다. 각 지원자는 저마다 고유한 방식으로 준비해 왔다. 누군가는 포멀한 복장에 헤드셋을 착용하고 있었고, 누군가는 유선 이어폰을 착용한 채 사무실 분위기의 배경에서 참여했다. 대부분은 자택에서 진행하고 있었지만, 몇몇 지원자들은 따로 조용한 장소를 대여한 듯 보였고, 일부는 전문 촬영실을 연상케 하는 정돈된 배경을 활용하고 있었다. 한눈에 보아도 면접 준비에 들어간 정성과 투자 정도는 화면만 봐도 느껴질 정도였다.

지원자들이 사용한 마이크 종류와 위치는 면접의 인상에 적지 않은 영향을 미쳤다. 유선 이어폰을 사용하는 지원자 중 일부는 말할 때마다 마이크를 손에 잡고 대답을 했다. 그 모습은 자연스럽기보다는 긴장감을 드러내는 듯 보였고, 자칫 불안정하고 산만한 인상을 주기도 했다. 무선 이어폰을 사용하는 지원자들은 오히려 깔끔한 인상을 주었지만, 일부는 소리가 울리거나 작게 들려서 재차 질문을 반복해야 하는 경우도 있었다. 헤드셋을 착용한 경우는 음성 전달은 안정적이었지만, 정돈한 헤어스타일이 흐트러지거나 얼굴이 상대적으로 가려지는 경우가 있어 아쉬운 점도 있었다. 면접관 입장에서는 사소한 장비 하나, 동작 하나가 지원자의 준비성과 태도로 연결되어 읽히기 때문에, 이런 요소들도 무시할 수 없었다.

또한, 배경 역시 지원자의 신중함을 판단하는 하나의 비언어적 기준이 되었다. 화면 뒤로 보이는 침대, 옷장, 세탁물, 벽지의 낙서 등은 의도하지 않아도 보는 이로 하여금 집중력을 분산시키는 요소가 될 수 있었다. 반면, 깔끔한 벽면을 배경으로 하거나 가림막을 활용해 정돈된 이미지를 연출한 지원자는 상대적으로 면접에 더 몰입하고 있다는 인상을 주었다. 화면에 보이는 정보가 곧 이미지라는 사실은, 온라인 면접에서 더욱 직접적으로 작용하게 되는 것이다.

비대면 면접에서 가장 인상 깊었던 차이는 '시선 처리'였다. 일부 지원자들은 눈을 자꾸 아래로 깔거나, 화면이 아닌 다른 곳을 바라보는 경향이 있었다. 이는 무의식적으로 작성해 둔 노트를 보는 듯한 인상을 줄 수 있고, 심지어 부정행위로 오해받을 수 있는 여지를 만들기도 한다. 반면, 질문을 받을 때는 화면 속 면접관의 눈을 응시하고, 대답을 할 때는 카메라 렌즈를 바라보며 이야기하는 지원자들은 짧은 시간 안에 진정성과 자신감을 확연히 보여줄 수 있었다. 이러한 시선의 방향 하나만으로도 지원자의 태도와 몰입도, 심리적 안정감이 자연스럽게 전달되는 것이었다.

비대면 면접의 전반적인 경험은 새로운 채용 패러다임의 현실적인 적용이었다. 더 이상 면접은 물리적 공간에서만 이루어지지 않는다. 디지털 환경에서도 면접은 면접이고, 면접관은 지원자의 역량과 태도를 정확히 파악할 수 있다. 단, 지원자는 이제 더 넓은 범위의 준비가 필요하다. 기술적 장비에 대한 이해, 화면 속 비언어적 표현, 말하는 방식, 시선 처리까지 — all in one, 통합적이고 다층적인 준비가 되어 있어야 한다.

이러한 면접 환경의 변화는 현재 취업 시장 전반의 흐름과 맞닿아 있다. 기술의 진보와 사회적 변화는 채용 방식뿐만 아니라, 직업의 구조 자체를 변화시키고 있다. 인공지능, 빅데이터, 클라우드 기반 기술은 빠르게 산업 현장에 도입되고 있고, 이에 따라 단순 반복적 업무는 기계에 맡기게 되는 반면, 창의력, 분석력, 협업력 같은 인간 고유의 역량이 더욱 요구되고 있다.

또한 원격 근무와 하이브리드 워크 환경의 확산은 채용의 지리적 장벽을 허물었고, 직무 수행의 공간적 개념을 바꾸어놓았다. 이제 기업은 사무실에 앉아 일할 수 있는 사람보다, 스스로 동기를 부여하고 결과를 책임질 수 있는 사람, 화면 앞에서 협업하고 소통할 수 있는 사람을 원하게 되었다. 이는 곧, 온라인 환경에서도 존재감을 드러내는 면접 역량이 중요하다는 사실을 의미한다.

이 밖에도 프리랜서와 프로젝트 기반의 업무 방식이 확산되면서, 취업 시장은 점점 더 유연해지고 있다. 특히 MZ세대를 중심으로 '나에게 맞는 일', '일과 삶의 균형'을 중시하는 가치관이 확산되면서, 이들은 전통적인 기업 조직보다 자율성과 성장성을 더 우선시하는 근무 형태를 찾는다. 따라서 기업 입장에서도 단순히 인재를 뽑는 것이 아니라, '우리와 함께할 사람'을 찾아야 하는 시대가 된 것이다.

이러한 급변하는 환경 속에서, 나는 대학생들을 만날 때마다 항상 강조한다. "이제 직무 역량은 단지 스펙이 아니라, 변화에 대응하는 힘이다. 너 자신이 어떤 환경에서도 적응하고 성장할 수 있는 사람임을 보여줘야 한다." 대학생 시절에는 단지 자격증이나 인턴 경험을 쌓는 것에 그치지 말고, 변화하는 환경을 이해하고, 나만의 방식으로 소화할 수 있는 사람이 되어야 한다고 조언한다.

비대면 면접관 경험은 나에게도 또 하나의 학습이었다. 나는 기술이 만든 새로운 채용 환경을 마주하면서, 이 변화의 물결 속에서 우리 사회가 어떤 인재를 필요로 하는지를 구체적으로 느낄 수 있었다. 그리고 여전히 변하지 않는 진실 하나도 다시 확인할 수 있었다. 어떤 방식이든, 진심은 통한다. 준비된 사람은 비대면이라는 장벽도 넘어설 수 있고, 오히려 그 장벽을 디딤돌 삼아 더 높이 도약할 수 있다. 결국, 면접은 기술이 아니라 사람을 보는 과정이다. 그리고 그 '사람'은 변화의 흐름 속에서 스스로 성장할 줄 아는 이들이었다.

📌 '은영'은 29살의 늦은 나이에 대학생 멤버십에 도전했다

은영이를 처음 만난 것은 조용한 분위기의 한 카페였다. 지인의 부탁으로 만나게 되었고, 그 지인의 단 하나뿐인 딸이라고 들었다. 은영이에 대한 사전 정보는 많지 않았다. 단지, 대학 졸업이 조금 늦었고 이제 본격적으로 취업을 준비하고 있다는 이야기만 들었을 뿐이었다. 기대보다는 궁금함이 더 컸다. 과연 어떤 사연이 있었기에 이 시점에 본격적인 취업 준비를 시작하게 된 걸까?

첫인상은 그저 평범한 여대생의 이미지였다. 단정한 옷차림과 조심스러운 말투, 그 속에 담긴 묘한 성숙함이 인상적이었다. 처음에는 취업 계획이나 진로 목표에 대해 묻기보다는, 지금에 이르기까지 어떤 시간들을 보내왔는지, 그녀의 이야기를 먼저 듣고 싶었다. 어떤 이력서에도 담기지 않을 그녀만의 삶의 문장이 궁금했던 것이다.

은영이는 고등학교 졸업 후 바로 원하는 대학에 진학하지 못해 재수를 택했고, 결국 진학한 학교도 자신이 꿈꾸던 대학은 아니었다고 했다. 건강상의 이유도 있었고, 현실적인 조건들 속에서 더 이상의 재도전은 쉽지 않았다고 담담히 말했다. 대학에 입학하고 나서도 큰 만족을 느끼지 못했지만, 방송반 활동을 계기로 교내에서 그 나름의 역할을 찾게 되었고, 다양한 동아리에도 참여하며 자신만의 캠퍼스 생활을 만들어갔다고 했다. 하지만 그러한 활동들도 한계가 있었던 모양이다. 점차 학교생활에 권태를 느끼게 되었고, 결국 휴학을 결심하게 된다.

휴학 후, 그녀는 단순한 쉼이 아닌 사회생활을 통한 자기 탐색의 시간을 택했다. 방송 관련 아르바이트를 하면서 흥미가 생겼고, 더 깊이 경험해 보고 싶다는 생각에 휴학 기간이 점점 길어졌다. 그렇게 방송 스태프로 일한 시간이 3년이 넘었다고 한다. 단순한 체험이 아니라, 작은 프로덕션에서 PD의 보조부터 스크립트, 현장 운영까지 다양한 역할을 맡으면서 사회의 구조, 조직 안의 인간관계, 책임과 협업의 의미에 대해 몸으로 배우는 시간이었다.

그러던 중, 학업을 마무리해야겠다는 결심을 하고 다시 복학했고, 이후에도 1년간 휴학을 더 하며 인턴 경험을 쌓았다. 자신이 일하고 싶은 분야를 조금씩 좁혀가던 시기였다. 취업에 대한 의지가 생겼고, 이제는 정말 준비를 시작해 보고 싶다는 확고한 결심과 함께 내가 은영이를 처음 만난 그 자리에 앉아 있었던 것이다.

이야기를 들으며 나는, 은영이가 비록 취업 시장에서는 '조금 늦은 출발선'에 서 있다고 느낄 수 있을지 몰라도, 다른 누구보다 자기 삶을 성실히 살아온 사람이란 것을 알 수 있었다. 그래서 나는 그녀가 가진 시간의 궤적을 '약점'이 아닌, 오히려 '강점'으로 바꾸는 전략을 함께 고민하기로 했다.

그 후로 6개월, 은영이는 누구보다 성실히 움직였다. 금융 관련 자격증 두 개를 단기간 내에 취득했고, 유명 금융기관의 대학생 멤버십 프로그램에 지원해 자기소개서를 통과했다. 그 과정에서 나와는 수시로 연락을 주고받았고, 면접을 앞두고는 예상 질문 리스트를 만들며 실전처럼 연습을 반복했다.

그녀가 가장 먼저 준비한 질문은 단연 '나이'와 관련된 것이었다.
"다른 지원자보다 나이가 많은데, 그 시간 동안 무엇을 하며 지냈는가?"
"그 시간들이 지금의 당신에게 어떤 의미였으며, 조직에서 어떤 강점으로 작용할 수 있을 것인가?"
"나이 어린 팀원들과 협업 시 소통의 어려움은 없겠는가?"
"만약 의견 충돌이 생긴다면 어떻게 조율할 수 있는가?"

은영이는 질문 하나하나에 자신의 경험을 덧붙여 설득력 있는 답변을 준비해 갔다. 단지 말로만 치장한 문장이 아니라, 실제 현장에서 사람들과 부딪히며 겪은 경험이 깔린 살아있는 언어였다. 결국 면접도 무사히 통과했고, 대학생 멤버십 활동에 정식으로 참여하게 되었다.

나는 은영이의 준비 과정과 성공적인 진입을 보며, 다시 한번 확신하게 되었다. 나이 자체가 취업에 있어 절대적인 장애물이 되는 것은 아니다. 오히려 그 시간이 얼마나 알차게 채워졌느냐, 그리고 그 경험을 어떻게 해석하고 조직에 기여할 수 있을지를 스토리로 풀어낼 수 있는가가 훨씬 더 중요하다. '나이=시간=경험=강점'이라는 공식은 설득력 있는 자기 서사와 태도 위에 세워질 때 비로소 진짜 힘이 된다.

다만, 그 스토리가 허울뿐인 꾸밈이 아니라, 본인이 살아온 시간에 대한 정직한 고백과 반성이 담겨 있어야 한다. 그리고 그 경험들이 새로운 조직 안에서 어떻게 적용될 수 있는지를 구체적으로 제시할 수 있을 때, 면접관의 고개를 끄덕이게 만들 수 있다.

요즘 젊은 세대는 자유와 경험을 중시하는 경향이 크다. '무계획이 계획'이라 말하며 순간순간을 즐기려는 태도도 충분히 이해가 된다. 하지만 자유로운 삶을 추구하는 것과 방향 없는 표류는 분명히 다르다. 대학 시절은 결코 무한하지 않다. 자아 정체성과 사회적 역할을 모색해야 할 소중한 시기다. 그러기에 다양한 경험을 하는 것 자체는 매우 소중하지만, 그것을 통해 자신만의 삶의 기준과 철학을 조금이라도 더 빨리 세워나가는 것이 중요하다.

나는 지금도 가끔 은영이를 떠올린다. 그녀의 진지한 눈빛과, 한 마디 한 마디를 정돈해 가며 자신의 이야기를 꺼냈던 그날을. 그리고 다시 생각하게 된다. 성공적인 취업이란 단순한 스펙의 나열이 아니라, 자신이 걸어온 삶을 어떻게 바라보고 해석하느냐에 달려 있다는 것. 누구보다 늦게 출발했지만, 누구보다 깊이 있는 자기 이해와 성숙한 태도로 새로운 사회생활을 시작한 은영이의 모습은, 그래서 더 많은 이들에게 따뜻한 영감이 될 수 있다고 믿는다.

🐾 '시은'은 진로의 확신을 위해 인턴 생활을 활용했다

시은이는 대범하고 자신감 넘치는 대학생이었다. 서울 지역의 중위권 대학 경영학과에 재학 중이었고, 금융권 대기업 계열사에서 인턴 생활을 마친 후 최종 임원 면접을 앞두고 나를 찾아왔다. 면접일까지 남은 시간이 많지 않았고, 평소 알고 지내던 후배의 간곡한 부탁으로 주말, 지인의 결혼식이 끝난 후 서울 시내 한 카페에서 시은이를 만나게 되었다.

첫인상은 강렬했다. 작고 마른 체구였지만 눈빛만큼은 또렷했고, 순진함보다는 단단함이 느껴졌다. 4학년이었지만 휴학 기간이 2년이나 있었고, 그 시간 동안 단순히 쉰 것이 아니라 스스로 삶을 실험하고 방향을 모색하는 시간을 보냈다고 했다. 인턴 생활을 하면서도 업무에 대한 이해도가 높았고, 금융 관련 자격증과 어학 자격도 모두 갖추고 있었다. 특히 그녀가 다니는 대학은 금융권 진출을 위한 동아리 활동이 활발하기로 유명한 곳이었으며, 시은이 역시 그 활동을 통해 인턴 기회를 얻었다고 했다.

처음 면접 준비를 시작할 때, 우리는 자기소개서를 중심으로 예상 질문을 함께 정리해 나갔다. 면접이라는 것은 단순한 질문과 대답의 반복이 아니다. 그 사람의 삶을, 생각을, 태도를 알아가는 과정이다. 그래서 무엇보다 중요한 것은 '라포 형성', 즉 진정한 소통의 시작이었다. 나는 시은이의 대학 생활과 활동, 그리고 2년의 휴학 기간에 대해 조심스럽게 물었다. 휴학에 대해선 처음엔 말을 아꼈다. 하지만 인턴 생활 이야기가 나왔을 때, 그녀는 마음을 열기 시작했다.

시은이는 고등학교 시절부터 패션과 뷰티에 관심이 많았다고 했다. 우연히 부친의 지인을 통해 패션 업계와 연결되면서 각종 패션쇼와 전시회를 다녔고, 해외까지 경험의 폭을 넓혔다. 물론 경제적 여유가 있던 건 아니었다. 그래서 밤에는 아르바이트를 했고, 그 과정에서 흡연 등 일반적인 대학생의 일탈도 경험했다고 털어놓았다. 그녀의 솔직함에 나는 잠시 당황했지만, 이내 그녀의 이야기가 단순한 방황이 아닌, 스스로의 길을 찾기 위한 '시행착오'였다는 것을 이해하게 되었다.

그녀는 그렇게 말했었다. "부유층의 삶을 가까이서 보면서 처음엔 부러움도 있었지만, 점차 그 안에서도 허상이 있다는 걸 느꼈어요. 그리고 내가 진짜 원하는 삶은 더 안정적이고 지속 가능한 무언가라는 확신이 들었죠. 그래서 금융이라는 현실적인 길을 선택하게 되었어요."

그 말속에는 깊은 성찰과 변화가 담겨 있었다. 그녀는 2학년에 복학하자마자 금융기관 인턴을 목표로 동아리 활동에 뛰어들었고, 매일같이 아침 7시 전에 출근하며 늦게까지 남아 선배들과 소통하며 일에 몰두했다. 그 시간들은 단순한 스펙이 아니라, 자신이 선택한 길이 틀리지 않았음을 확인하는 과정이었다고 했다.

면접 준비는 단순히 예상 질문과 답변을 주고받는 것이 아니었다. 우리는 그녀의 지난 경험을 '재해석'하는 작업에 집중했다. 실수를 감추기보다는, 실수를 통해 무엇을 배웠는지, 시행착오가 어떻게 동기가 되었는지를 중심으로 마인드셋을 정리해 나갔다. "거짓은 말하지 않되, 진실의 범위는 정하자"라는 암묵적인 합의 아래, 그녀는 자신의 이야기를 정제해 나갔다. 휴학 기간은 '방황'이 아닌 '탐색'이었고, 아르바이트는 '생활력'이었으며, 패션에 대한 관심은 '관찰력과 감각'으로 승화시킬 수 있는 자산이었다.

그날 우리는 4시간 넘게 카페에 앉아 이야기했다. 대화의 중심은 언제나 '인턴'이었다. 인턴은 그녀에게 단순한 경력 한 줄이 아닌, 인생의 전환점이었다. 단단한 결심의 결과였고, 실천의 증거였다. 사실 인턴이란 누구에게나 꼭 필요한 조건은 아니다. 하지만 인턴십은 단연 실무 경험을 통해 진로를 확인하고, 네트워킹을 형성하며, 자신을 점검할 수 있는 소중한 기회다. 기업 입장에서도 검증된 인재를 미리 선별할 수 있는 좋은 통로가 된다. 물론 인턴의 기회를 얻는 것조차 쉽지 않으며, 때로는 정규직보다 경쟁이 더 치열하기도 하다. 모든 직무에 인턴 경험이 필요한 것도 아니다. 하지만 중요한 건, 인턴이라는 '형식'보다 그 안에서 무엇을 배우고 어떻게 성장했느냐는 '내용'이다.

시은이의 이야기는 우리 모두에게 시사점을 던진다. 때로는 멀리 돌아가는 것처럼 보여도, 그 여정에서 얻은 통찰이 결국 자신만의 길을 만드는 힘이 된다. 인턴의 경험이, 단순한 경력 한 줄을 넘어 인생의 방향을 바꿀 수 있음을 그녀는 보여주었다.

그날의 만남 이후, 나는 문득 이런 생각을 하게 되었다.

"누구나 흔들릴 수 있다. 하지만 진심을 다해 방향을 찾으려는 사람은, 결국 그 진심만큼의 자리에 도달하게 된다."

그리고 시은이는, 분명 그 진심으로 걸어가고 있었다.

🐾 '종현'이는 전문대 졸업 신분을 어떻게 극복했을까?

종현이는 지인의 아들이었다. 고등학교 시절, 학업에 특별히 열정을 보이지는 않았지만, 그렇다고 해서 문제를 일으키거나 불량한 삶을 살았던 것은 아니었다. 그저 또래들과 어울리는 걸 좋아했고, 친구들과의 유쾌한 시간이 삶의 중심에 있었던 평범한 소년이었다. 여자 친구와의 데이트, 학교 뒤편 벤치에서의 수다, 밤늦게까지 이어지는 게임과 소소한 장난들. 그런 일상이 그의 고등학교 시절을 가득 채우고 있었다.

수능이 끝난 후, 부모님은 그에게 지방의 4년제 대학 진학을 권유했다. 그러나 종현이는 부모님의 뜻을 따르지 않았다. 서울을 떠나 낯선 지역에서 타지 생활을 하는 것보다는, 익숙한 집과 부모님의 손길 아래서 지내는 편이 성격에 맞았다. 결국 그는 스스로의 선택으로 서울의 2년제 전문대학 세무회계학과에 진학하게 되었다. 특별한 야망이 있었다기보다는, 안정감과 가족의 온기를 중요시했던 성향이 반영된 선택이었다.

대학 입학 후 한 학기가 지났을 무렵, 종현이는 나를 찾아왔다. 부모님을 통해 소개를 받았고, 조심스러운 표정으로 "지금 이대로 가도 되는 걸까요?"라는 첫 질문을 꺼냈다. 상담을 시작하며 나는 종현이라는 사람에 대해 조금씩 알아가기 시작했다. 말수가 많은 편은 아니었지만, 가식 없는 말투와 진지한 태도에서 그의 성실함을 느낄 수 있었다. 부모님과의 소통도 원만했고, 또래보다 철이 일찍 든 듯한 책임감도 보였다. 집에서는 남매 중 장남으로서의 부담을 가지고 있었고, 지금의 전공이나 학교생활이 싫은 건 아니지만 미래에 대한 확신이 없다고 말했다.

나는 그에게 정시나 수시로 다시 4년제 대학에 진학하는 길은 추천하지 않았다. 성적이 높지 않았고, 다시 수능을 준비하는 것은 시간과 에너지 모두에서 손해가 될 수 있었기 때문이다. 대신 '편입학'이라는 현실적이면서도 전략적인 길을 제안했다. 그 시작은 군 입대였다. 군 복무를 통해 시간적 여유를 확보하고, 진로에 대한 고민과 편입 준비를 병행할 수 있는 기간으로 활용하자고 이야기했다. 그는 잠시 생각하더니, "선생님 말씀대로 해볼게요"라고 대답했다.

그리고 얼마 후, 종현이는 약속대로 1학년을 마치고 입대했다. 나는 격려와 함께 중요한 당부 한 가지를 더했다. "편입을 하려면 지금 다니는 대학의 학점도 중요해. 군대 가기 전까지 학점 관리를 철저히 해야 해." 그는 무거운 책임감을 안고 학업에 충실했고, 좋은 성적으로 1학년을 마무리한 후 입대했다.

군 생활 동안에도 그는 나와 연락을 유지했다. 시간이 날 때마다 편입영어 공부를 했고, 나는 그에게 때때로 '잔소리'라는 이름의 응원을 건넸다. 그렇게 18개월의 군 복무를 마친 종현이는 제대한 뒤 복학하여 2학년을 다니며 편입학원에 등록했다. 낮에는 학교 수업을, 밤에는 편입영어와 전공 시험 준비를 병행했다.

편입 시험은 생각보다 복잡하고 어려운 과정이었다. 학교마다 시험 유형이 다르고, 지원 전략도 치밀해야 했다. 종현이는 서울 지역 내 중견 이상의 4년제 대학 중 상경 계열 전공으로 폭넓게 지원했다. 그러나 첫 번째 편입 시험에서는 안타깝게도 모든 학교에서 불합격 통보를 받았다. 열심히 했지만, 경쟁자는 너무 많았고 눈높이도 다소 높았던 탓이었다.

처음 실패의 쓸쓸함을 마주한 종현이는 큰 충격을 받았다. 한동안 무기력해졌고, "내가 뭘 잘못한 걸까요?"라는 질문을 반복했다. 나는 조심스럽게 그와 다시 대화를 시작했다. 그리고 새로운 전략으로 일반편입이 아닌 학사편입을 제안했다. 일반편입은 전문대 2학년 과정 후 가능한 방식이지만, 학사편입은 4년제 학사 자격이 있어야 가능하며 경쟁률이 낮고 합격률이 높다는 장점이 있었다.

문제는 종현이가 아직 학사 자격이 없다는 점이었다. 그래서 우리는 '학점은행제'와 '자격증 기반 학점인정제도'를 활용하기로 했다. 즉, 온라인 강의와 공인 자격증 취득을 통해 3~4학년에 해당하는 학점을 채우고, 정식 학사학위를 취득하자는 계획이었다.

이 전략은 쉽지 않았다. 그는 주간에는 자격증 공부와 학점은행제 강의를 들었고, 야간에는 편입학원에 나가 시험 준비를 병행했다. 체력적으로도, 정신적으로도 부담이 컸지만 그는 한 번도 중도 포기를 입에 담지 않았다. 그렇게 1년이 지나자, 종현이는 드디어 학사 자격을 갖추게 되었고, 그해 연말에 다시 편입 시험에 도전했다. 그리고 마침내 서울 지역 중견급 대학 상경 계열 전공으로의 학사편입에 성공했다.

사실 편입 학력이 취업에 불리하다고 단정할 수는 없다. 오히려 편입이라는 선택은 자신의 인생을 주체적으로 설계하려는 용기 있는 결정일 수 있다. 물론 일부 기업에서는 학력의 흐름이나 일관성을 중시할 수 있지만, 많은 기업들은 실무 역량과 직무 적합성, 태도와 경험을 더 중요하게 본다. 편입생이라는 이유로 불이익을 받기보다는, 그 과정을 통해 겪은 도전과 노력, 다양한 배움이 오히려 강점이 될 수 있다.

전공 일관성을 유지하고, 높은 학점과 자격증, 인턴 경험까지 갖추었다면, 편입이 오히려 취업에서 유리하게 작용할 수도 있다. 종현이 역시 편입 이후 높은 학점을 유지했고, 동아리 활동과 프로젝트에도 적극적으로 참여하며 실무 능력을 키워가고 있다.

편입은 단순한 재입학이 아니다. 그것은 자신의 한계를 인정하고, 그 벽을 넘기 위한 선택이며, 자기 삶을 다시 설계하려는 노력의 증거다. 실패를 딛고 다시 일어선 종현이의 이야기는 우리에게 이렇게 말하고 있다.

"조금 돌아가도 괜찮아. 중요한 건 멈추지 않는 것이니까."

이 글을 쓰는 지금도 종현이는 꿈을 향해 꾸준히 나아가고 있다. 비록 최선의 길은 아닐지라도, 그는 포기하지 않았고, 지금도 도전하고 있으며, 그 끈기와 진심은 반드시 누군가의 눈에 띄게 되어 있다.
나는 오늘도 그가 밝은 아침에 눈을 떠서, 또 한 번 자신의 삶을 향해 용기 있게 걸어 나가기를 진심으로 응원한다.

🐾 '한준'은 '2.95/4.50학점'으로, 대기업에 입사할 수 있을까?

한준이를 처음 만난 것은 어느 무더운 여름방학이었다. 당시 나는 지방 지점에서 근무하고 있었고, 지역 내 중견기업 대표님과 소통하며 지역 인재들에게 진로나 취업 관련 상담을 시작한 초기 단계였다. 그 대표님의 아들이 바로 한준이었다. 갓 대학교 2학년이 된 그는 이미 군 복무를 마친 상태였고, 서울 소재의 상경 계열 전공 대학에 재학 중이었다. 재수도 삼수도 하지 않았고, 비교적 평탄한 학창 시절을 보내온 듯했다. 겉보기에는 특별히 부족한 점이 없어 보였지만, 그가 다니는 학교의 인지도나 기업 선호도를 고려했을 때, 목표로 하는 대형 금융기관에 입사하기 위해서는 좀 더 전략적인 접근이 필요하다고 느꼈다.

그래서 나는 '편입'이라는 선택지를 제안했다. 의외로 한준은 그 말에 깊은 관심을 보였고, 그의 아버님 또한 나의 의견에 공감해 주셨다. 이후 한준은 곧바로 편입 준비에 돌입했고, 열심히 노력한 끝에 서울 지역 중위권 대학에 일반편입으로 합격했다. 편입이라는 도전은 말처럼 쉽지 않은 길이었지만, 그에게는 분명 더 넓은 세상을 향한 중요한 발돋움이었다.

내가 서울로 발령이 난 후에도 한준이와의 인연은 계속되었다. 서로의 안부를 전화로 주고받았고, 때로는 만나서 진로에 대한 이야기를 나누기도 했다. 그러던 어느 날, 편입 후 첫 학기를 마친 그가 나를 찾아왔다. 모처럼의 반가운 만남이었고, 나는 그의 적응 상태를 물으며 격려의 말을 전했다. 그러나 대화 중 그가 조심스레 꺼낸 한마디에 나는 순간 말을 잃고 말았다.

"선생님, 이번 학기 학점이 2.6점이 나왔어요."

편입까지 해내고 열심히 공부해 온 학생이었기에 믿기 어려운 수치였다. 이전 대학에서는 4.0점을 넘는 높은 학점을 유지했던 것으로 알고 있었기에 더더욱 당황스러웠다. 전공이 바뀐 것도 아니었고, 준비 과정에서도 성실한 모습을 보여주었던 한준이었다. 도대체 무슨 일이 있었던 걸까?

조심스럽게 이유를 물었다. 그의 말은 이랬다. 새로 편입한 대학은 강의의 대부분이 영어로 진행되었고, 이전 학교와는 수업 분위기와 학습 방식이 전혀 달랐다. 영어 강의에 익숙하지 않았던 그는 수업을 따라가는 데 어려움을 느꼈고, 결국 학점으로 그 부담이 드러나고 만 것이었다. 더 큰 문제는, 주변 친구들의 어학 수준이 높아 상대적 박탈감까지 느끼게 되었다는 점이었다. 그 이야기를 듣고서야 나는 그의 학점이 단순한 '게으름'이나 '준비 부족' 때문이 아니었다는 것을 이해하게 되었다.

우리는 함께 고민했다. 영어 실력의 격차를 극복하지 못하면 앞으로의 학업은 물론, 금융권 취업에도 적신호가 켜질 수밖에 없었다. 그렇게 우리는 한 가지 대안을 도출해 냈다. '어학연수'였다. 편입 후 바로 휴학을 한다는 부담이 컸지만, 지금이 아니면 더 늦어진다는 점에서 우리가 내릴 수 있는 가장 현실적인 결정이었다. 나는 무엇보다 한준이 본인의 의지를 가장 중요하게 생각했다.

그는 한참을 고민하다가 고개를 끄덕였다. "다녀오겠습니다." 나는 그의 용기를 응원했고, 곧 한준이의 아버님께도 상황을 간단히 설명드렸다. 편입이라는 큰 도전을 해낸 후 다시 휴학을 한다는 것이 심리적으로 부담이 될 수 있었기에, 부모님의 이해와 지지가 절실했기 때문이다. 다행히 아버님도 흔쾌히 허락해 주셨고, 그렇게 한준이는 1년간의 미국 어학연수를 계획하게 되었다.

그의 어학연수는 단순한 '영어 공부'를 넘어, 스스로를 돌아보고 성장하는 자기 발견의 시간이 되었다. 그곳에서 다양한 국적의 친구들을 만나면서 자신감을 회복했고, 언어라는 벽 앞에서 좌절하던 자신과 싸우며 조금씩 실력을 키워나갔다. 때로는 홈스쿨링처럼 고독했고, 때로는 문화적 차이로 인한 낯선 경험도 있었지만, 그는 포기하지 않았다. 그리고 1년 뒤, 그는 한층 성숙한 모습으로 돌아왔다.

하지만 돌아온 후에도 현실은 녹록지 않았다. 영어 실력이 향상된 것은 사실이었지만, 학점은 여전히 기대에 못 미쳤다. 편입 후 3학년 두 학기와 4학년 1학기를 합산한 학점은 2.95/4.5 어찌 보면 애매한 수치였다. 대형 금융기관의 높은 문턱을 생각하면 결코 유리한 조건은 아니었다.

나는 그에게 진심을 다해 이야기했다. "학점은 취업의 모든 조건은 아니지만, 기본 필터링의 기준이 될 수 있어. 그렇다면 지금부터는 그

외의 것들을 채워나가야 해."

우리는 취업 전략을 다시 짰다. 그는 곧바로 관련 자격증 공부에 돌입했고, 방학 중에는 짧은 실무 경험이라도 쌓을 수 있는 인턴십을 알아보았다. 학교 커리어 센터와도 꾸준히 소통하면서 자기소개서, 면접 준비도 병행했다. 때로는 피곤한 얼굴로 찾아와서 고민을 털어놓기도 했지만, 그는 매번 다시 일어섰다.

결국, 한준이는 자신이 희망하던 대형 금융기관의 채용 면접에서 당당히 합격 통보를 받았다. 학점은 다소 낮았지만, 관련 자격증, 인턴 경험, 그리고 무엇보다 면접에서 보여준 진정성과 설득력 있는 스토리가 면접관의 마음을 움직였던 것이다. 스스로도 "학점만으로는 어렵다고 생각했는데, 제가 했던 경험들을 잘 풀어내니 가능성이 열리더라고요"라며 자신 있게 이야기했다.

학점은 분명 기본 중의 기본이다. 하지만 그것이 전부는 아니다. 학점이 부족하다면, 그만큼의 경험과 노력을 더해야 한다. 결국 기업은 '이 사람과 함께 일할 수 있을까?'를 본다. 그 질문에 '예'라고 답하게 만드는 것은, 당신의 태도와 이야기다.

한준이의 이야기는 우리에게 묻는다.

"지금의 내가 부족하다면, 나는 무엇을 더할 수 있을까?"

그리고 그는 스스로의 약점을 정면으로 마주하고, 포기하지 않았으며, 끝내 자신의 꿈을 향해 문을 열었다.

나는 오늘도 그가 가는 길을 마음 깊이 응원한다.

그의 도전은 끝난 것이 아니라, 이제 시작일 테니까.

🐾 '현철'은 TOEIC과 OPIc의 기로에 서 있었다

현철이를 처음 만난 것은 어느 늦여름 오후였다.

대학생 봉사활동 팀에서 활동 중인 몇몇 학생들이 진로 상담을 받기 위해 나를 찾아왔고, 그들 중 가장 활발한 에너지를 뿜어내던 학생이 바로 현철이였다. 말수가 많지는 않았지만, 눈빛에는 자신감과 호기심이 가득했고, 대화를 나누는 내내 진지함이 느껴졌다.

현철이는 대학교 3학년이었다. 활발한 성격답게 대외 활동, 인턴십, 공모전 등 다양한 경험을 쌓아두었고, 대기업 입사를 목표로 뚜렷한 진로를 준비 중이었다. 그러나 하나의 결정적인 요소가 빠져 있었다. 바로 어학 자격증이었다.

군 복무를 마치고 복학한 이후, 학업과 대외 활동에 집중하느라 영어 공부는 미처 시작조차 하지 못한 상태였다. 지금이라도 늦지 않았지만, 대기업의 하반기 채용 일정이 코앞으로 다가오고 있었기에 단기간 내 어학 점수를 획득해야 하는 상황이었다.

나는 그에게 물었다. "혹시 TOEIC 공부는 해봤어?"

현철이는 고개를 저었다. "학창 시절에 잠깐 공부했었지만, 군대 이후로는 손을 놓았어요."

그의 대답을 들은 나는 곧바로 OPIc 시험을 권유했다.

보통 대기업, 특히 삼성, SK, LG, 롯데, CJ와 같은 주요 그룹사들은

TOEIC 또는 OPIc을 영어 어학 능력의 공식적인 기준으로 인정하고 있으며, 일부 기업은 TOEIC Speaking을 요구하기도 한다.

그중에서도 OPIc(Oral Proficiency Interview - computer)은 실제 회화 능력을 평가하는 시험으로, 컴퓨터와의 대화를 통해 응시자의 말하기 능력을 등급으로 평가한다. IL(Intermediate Low)부터 AL(Advanced Low), IH(Intermediate High), AM(Academic Mid) 등 8단계로 나뉘며, 대부분의 대기업은 최소 IH 이상, 상위권은 AL 이상을 요구하는 경우가 많다.

나는 왜 TOEIC보다 OPIc을 추천했을까?
TOEIC은 듣기와 독해 위주의 시험으로, 고득점을 위해선 문제 유형에 대한 익숙함, 시간 관리, 오답률 최소화 등 체계적인 훈련이 필요하다. 또한, 점수가 편차를 보이기 쉬운 만큼 단기간에 점수를 만들기는 쉽지 않다.

반면, OPIc은 상대적으로 단기간의 집중 학습으로 실전 등급 획득이 가능한 시험이며, 특히 회화 능력이 일정 수준 이상이거나 말하기에 자신 있는 학생들에게는 유리한 시험이다. 현철이처럼 활발하고 커뮤니케이션 능력이 뛰어난 학생에게는 적합한 선택이었다.

또한 최근 2030세대는 영어에 대한 노출 빈도와 회화 경험이 많은 편이다. 교환학생, 외국인 친구와의 교류, 유튜브 콘텐츠, 영어 기반 커뮤니티 활동 등을 통해 자연스럽게 회화 능력을 쌓는 경우가 많다. 그런 배경을 고려했을 때 OPIc은 실력을 빠르게 결과로 보여줄 수 있는 가장 현실적인 옵션이었다.

물론 OPIc도 쉬운 시험은 아니다.
시험은 총 15문항 내외로 구성되며, 자기소개, 일상생활, 상황 대응, 의견 설명, 문제 해결 등 다양한 주제에서 말하기 능력을 평가한다. 시험 중에는 스크립트가 없기 때문에 자연스럽게 영어로 말하는 연습이 필수이고, 주제 선택(롤플레잉 선택지)과 음성 녹음 후의 말하기 일관성도 평가 요소다.

그래서 나는 현철이에게 가장 먼저 목표 등급을 설정하게 했다. 대기업 채용에서 요구하는 등급은 대부분 IH 이상, 상위권 기업은 AL 이상이다. 목표가 명확해야 학습 전략도 세울 수 있다.

현철이는 본격적인 준비에 돌입했다.
1차 시험에서는 IM2(Intermediate Mid 2) 등급을 받았다. 아쉬운 결과였지만, 문제점은 분명했다. 발음보다는 문장 구성력, 즉 영어로 사고하고 말하는 방식의 자연스러움이 부족했다.
그는 곧 온라인 모의시험, 롤플레잉 샘플 녹음, 스터디 그룹을 병행하며 실전 훈련을 반복했고, 두 번째 응시에서 IH를 획득했다. 그리고 세 번째 시험에서는 마침내 AL(Advanced Low) 등급을 받아냈다.

그의 노력은 정확했고, 무엇보다도 단기간에 목표 등급을 획득한 전략적 접근은 대기업 취업을 준비하는 많은 대학생들에게 좋은 사례가 되었다.

어학 자격증은 이제 선택이 아니라 '기초 스펙'이다.
특히 외국어 능력이 중요한 기업이나 직무에서는 더욱 그러하다.

대표적인 영어 자격시험의 종류는 다음과 같다.
- TOEIC: 듣기(495점) + 독해(495점) 총 990점 만점. 대기업 기준으로 700~800점 이상 요구
- TOEIC Speaking: 말하기 평가 시험, 8등급(1~8), 대부분의 기업은 Level 6 이상 요구
- OPIc: 컴퓨터 인터뷰 기반 말하기 시험. 등급은 Novice Low부터 Advanced High까지. 대부분 기업은 IH 이상 요구
- TOEFL iBT: 유학/해외 진출용 시험. 총 120점 만점. 일부 외국계 기업에서 요구
- IELTS: 영국식 평가 시스템, 총 9.0 만점. 아카데믹/제너럴 버전 있음
- TEPS: 서울대 TEPS 센터 주관 시험. 공공기관 일부에서 채택

또한 중국어 HSK, 일본어 JLPT, 프랑스어 DELF/DALF, 스페인어 DELE 등의 시험도 취업 분야에 따라 요구되거나 강점이 될 수 있다.

어학 점수가 낮다고 해서 반드시 불리한 것은 아니다. 그러나 기본적인 어학 능력은 필터링 단계에서 기회를 잃지 않기 위한 첫 관문이다. 특히 이력서나 자소서에는 숫자로 결과를 보여줄 수 있는 어학 성적이 중요하다. 이후 면접에서 그 점수를 뒷받침할 수 있는 실전 회화 능력과 국제적 소통 감각이 결합될 때, 진정한 경쟁력이 된다.

현철이는 결국 대기업 입사에 성공했다.

물론 어학 자격증만으로 된 일은 아니었다. 그간 쌓아온 인턴 경험, 공모전 수상 이력, 성실한 학업 태도와 자소서에서 보여준 논리적인 사고력. 그 모든 것이 조화를 이루었다.

그러나 그는 지금도 말한다.

"어학 자격증이 없었다면 서류 통과도 어려웠을 거예요."

나는 오늘도 많은 대학생들이 현철이처럼 자신의 상황을 점검하고, 전략을 세워, 필요한 자격을 확보하며 나아가길 바란다.

어학은 단순한 점수가 아니다.

그것은 취업의 세계와 연결되는 첫 번째 문이다.

🐾 대외 활동 없이 학점만 좋았던 '신용'이

한 고객님의 자녀였던 신용이는 서울 소재 상위권 대학의 경제학과에 재학 중인 학생이었다. 학업에 있어 매우 우수한 성적을 보여주고 있었고, 3학년 2학기까지의 전공 평균 학점은 4.45/4.50으로 사실상 만점에 가까운 수준이었다. 2학년을 마친 후 군 복무를 성실히 마치고 복학해 학업에 복귀했으며, 교수님들과의 원활한 소통 속에서 전공 수업에 깊이 있게 적극적으로 참여하고 있었다. 단연코 학업 성취도 면에서는 타의 추종을 불허할 정도였고, 학과 내부에서도 신용이에 대한 평가는 매우 긍정적이었다.

그러나 그는 대기업 채용을 준비하며 자기소개서를 작성하는 과정에서 본인의 취업 역량에 중요한 공백이 있음을 실감하게 되었다. 바로 대외 활동이 전무하다는 점이었다. 이력서에 기재할 만한 인턴십, 학회 활동, 공모전 수상 경험은 물론, 특정 목적을 가진 동아리 활동조차 없었다. 유일하게 소개할 수 있는 것은 최근 들어 참여한 러닝 동호회 활동뿐이었다. 경제학이라는 전공 특성상 학회나 투자 스터디, 취업 준비 동아리 등 비교적 활발한 학생 주도 활동이 많은 분야임에도, 신용이는 이와 관련된 어떠한 경험도 갖고 있지 않았다.

처음에는 혹시 성격적으로 폐쇄적인 측면이 있는 것은 아닐까 하는 우려도 있었다. 그러나 직접 만나 이야기를 나누어보니, 신용이는 소통에 무리가 없고 유연한 사고를 지닌 학생이었다. 친구들과의 관계도 원만했고, 팀워크에도 큰 문제가 없어 보였다. 어느 조직에서나 독립적인 성향이 지나치게 강한 인물은 우려의 요소로 작용할 수 있는데, 그는 그런 유형은 아니었다. 오히려 평범하고 조용하지만, 친화력이 있는 편이었다.

심화 상담을 위해 저녁 시간을 활용해 신용이와 비공식적인 자리에서 만남을 가졌다. 함께 식사를 하며 진솔한 대화를 나누는 가운데, 그의 성향과 선택의 배경을 보다 깊이 이해할 수 있었다. 그는 고등학교 시절부터 '공부에 집중하는 것이 학생의 본분'이라는 생각을 갖고 있었고, 대학에 와서도 전공 과목에 충실하며 성실히 생활해 온 결과가 현재의 성적이라고 말했다. 다양한 대외 활동을 고려해 볼 기회는 있었지만, 학업 외에 시간을 분산하는 것이 오히려 본인에게는 비효율적이라고 판단했으며, 실제로 취업에 대한 고민도 늦은 시점까지 본격적으로 하지 않았다고 털어놓았다.

그러나 오늘날 기업이 인재를 평가하는 기준은 단순히 학업 성취도에 국한되지 않는다. 조직 내에서의 적응력, 문제 해결 능력, 소통 역량 등 다양한 비인지적 능력 역시 채용 평가의 핵심 기준으로 작용한다. 이러한 흐름 속에서 대외 활동은 더 이상 선택이 아닌, 실질적인 평가 요소로 자리 잡았다. 학업 외 시간에 무엇을 했고, 그 속에서 어떤 경험과 역량을 쌓았는지는 자소서와 면접에서 구체적으로 검증되는 부분이기 때문이다. 단체활동을 통해 조직 내에서의 역할 수행 경험을 갖춘 사람은, 단순히 지식만 갖춘 사람보다 현업에서의 적응력이 더 높다고 평가되는 경향이 있다.

대외 활동은 단순히 이력서의 한 줄을 채우기 위한 수단이 아니다. 실제 사회를 경험하고, 직무에 필요한 기술을 체득하며, 사람들과 협업하고 리더십을 발휘해 보는 중요한 훈련의 장이다. 봉사활동을 통해 사회적 책임감과 공감 능력을 기를 수 있고, 전공 학회나 동아리 활동은 특정 분야의 전문성을 심화하며 팀워크 능력을 자연스럽게 향상시킨다. 공모전이나 프로젝트 수행을 통해서는 기획력과 문제 해결 능력을 체화할 수 있으며, 인턴 경험은 실질적인 실무 적응력과 직무 이해도를 높이는 데 결정적인 역할을 한다. 이처럼 대외 활동은 향후 취업하고자 하는 분야에 대한 경험 기반을 형성할 수 있고, 이를 자기소개서나 면접에서 구체적으로 풀어낼 수 있다면 타 지원자 대비 차별화된 경쟁력을 확보할 수 있게 된다.

신용이는 스스로의 대외 활동 공백을 인지한 이후, 자기소개서에서 해당 공백을 보완하기 위해 본인의 러닝 취미 활동을 적극적으로 활용하기로 했다. 그는 평소 스트레스에 민감한 성향이라고 말했고, 새로운 사람들과의 관계를 깊이 있게 확장하기보다는 현재의 친구들과 안정적으로 관계를 유지하는 것이 더 편하다고 느낀다고 했다. 조직 생활에서 다소 우려될 수 있는 성격적 요소일 수 있었지만, 그는 이를 스스로도 인지하고 있었고, 이를 극복하기 위한 자율적인 노력을 하고 있었다.

러닝은 그가 스트레스 해소를 위해 자발적으로 시작한 활동이었다. 지금은 러닝 동호회에서 주 2회 이상 10km 코스를 함께 뛰며, 하프 마라톤에 두 차례 참가했고, 현재는 풀코스 마라톤 완주를 목표로 훈련 중이다. 단순한 신체 단련이나 취미 활동을 넘어, 체계적인 목표 설정과 꾸준한 실행, 자기관리, 극복의 과정이 포함된 러닝은 직무와 연계해 설득력 있게 풀어낼 수 있는 소재였다. 무엇보다도 본인의 약점을 회피하지 않고 스스로 해결해 나가고 있다는 점에서 면접관에게도 긍정적인 인상을 줄 수 있는 포인트였다.

자기소개서는 단순히 성과를 나열하는 글이 아니라, 자신의 성장 과정과 특성을 설득력 있게 전달하는 이야기다. 신용이는 학문적 기반이 매우 탄탄한 학생이지만, 취업 시장에서 요구되는 다양한 역량을 갖추기 위해서는 보다 다각적인 경험이 필요하다는 점을 체감하고 있었다. 러닝이라는 활동을 단순한 취미를 넘어 성장의 도구로 삼고 있다는 점에서, 그는 변화와 성장 가능성을 내포한 인재라 할 수 있다. 나는 그에게 조언을 넘어서 응원을 전하는 것이 더 적절하다고 느꼈고, 실제로도 그가 이 방향에서 지속적인 노력을 이어가길 진심으로 기대하고 있다.

📌 자격증 하나 없는 '성식'은 더 강한 것을 활용했다

성식이는 전공이 전자공학이었지만, 학부 시절부터 금융과 투자에 남다른 관심을 가져온 학생이었다. 일반적으로 투자에 관한 학습과 활동은 경영, 경제 등 상경 계열 전공 학생들이 주도하지만, 성식이는 비전공자임에도 불구하고 학과 외적인 영역에 스스로 눈을 돌렸고, 실제로 실천으로 이어갔다.

그는 국내 주요 증권사에서 주최하는 대학생 대상 모의주식투자대회에 직접 참가하면서 본격적인 금융 분야 도전을 시작했다. 이 대회는 대학생들이 가상의 투자 환경 속에서 실제와 유사한 조건으로 자산을 운용하며, 재무제표 분석, 산업 분석, 종목 선별, 리스크 관리 등의 역량을 실전처럼 기를 수 있도록 구성되어 있다. 본래는 금융권 진출을 준비하는 상경 계열 학생이나 투자 동아리 소속자들의 참여가 두드러지지만, 성식이는 순수한 관심과 열정만으로 이 대회에 도전했고, 놀랍게도 최고 수익률을 기록하며 1등을 차지하게 되었다.

이 성과를 계기로 성식이는 해당 증권사에서 운영하는 하계 인턴십 프로그램에 선발되었고, 그 과정에서 나와 처음 만나게 되었다. 당시 성식이는 누구보다 열정적으로 인턴 업무에 임하고 있었고, 본인의 전공과는 다른 분야였지만 금융 실무에 대한 이해도를 빠르게 높이기 위해 많은 노력을 기울이고 있었다. 그러나 그가 인턴십 후 채용 프로세스에 참여하기로 결정하면서, 큰 고민에 봉착하게 되었다. 바로 금융 관련 자격증의 부재였다.

　일반적으로 금융권 취업을 준비하는 상경 계열 학생들도 금융 자격증 취득에는 많은 시간을 투자하며, 쉽지 않은 과정으로 받아들인다. 성식이처럼 비전공자의 경우엔 더욱 그렇다. 그는 대학에서 전자회로, 신호처리, 컴파일러 등을 배우며 기술 기반의 학문을 익혀왔기 때문에, 재무관리, 투자론, 회계 등의 개념은 체계적으로 접해보지 못했다. 이런 배경에서 금융 자격증을 준비하기란 상당히 높은 진입장벽이었고, 실제로 그는 몇 차례 도전했지만 아쉽게도 매번 합격 문턱을 넘지 못했다.

　그럼에도 불구하고, 성식이는 포기하지 않았고, 인턴십 과정 동안 성실히 실무 경험을 쌓았다. 이후 인턴십을 마치고 정규 채용 면접에 참여하게 되었고, 나와 함께 면접 전략을 점검하고 예상 질문을 구성하는 시간을 가졌다. 준비 과정에서 가장 민감하고 답변이 어려운 항목이 바로 예상된 질문 중 하나였다. "금융에 관심이 많고, 투자대회에서 수상도 하셨고, 인턴 경험도 있는데, 왜 금융 관련 자격증이 없습니까?"

　이 질문은 분명히 나올 수밖에 없는 것이었다. 그러나 우리는 이에 대해 어떻게 대응할지를 전략적으로 준비했다. 그 핵심은 '자격증이 없다는 사실'이 아니라, 비전공자의 입장에서 그 분야에 얼마만큼의 열정과 노력을 기울여 왔는가에 초점을 맞추는 것이었다. 실제 면접에서도 예상대로 해당 질문이 나왔고, 성식이는 본인이 전공 외 분야에서 어떻게 투자에 대한 관심을 실천했는지, 어떤 계기로 투자대회에 도전하게 되었고 어떤 분석 과정을 거쳤는지, 또한 인턴십에서 어떤 업무를 수행하며 무엇을 배웠는지를 구체적으로 설명할 기회를 가졌다. 그는 관심 종목에 대한 의견을 논리적으로 제시했고, 자산운용 방식에 대해서도 전공자 못지않은 이해도를 보여주었다고 한다.

결국 면접관들은 자격증 유무보다는 그가 보인 진정성, 실전 경험, 그리고 성장 가능성에 주목했다. 외형적으로 보이는 '스펙'보다도 직무에 대한 관심과 자기주도적인 탐색 과정, 실질적 참여 경험을 바탕으로 얼마나 깊이 있게 이해하고 준비해 왔는지를 평가의 기준으로 삼았던 것이다. 이 경험은 단순히 하나의 채용 성공 사례를 넘어, 직무 적합성 평가의 본질이 무엇인지를 보여주는 사례로도 충분했다.

취업 시장에서 자격증은 여전히 중요한 평가 요소 중 하나다. 자격증은 특정 분야에 대한 전문성과 학습 이력을 공식적으로 증명하는 수단으로 활용된다. 특히 금융권의 경우에는 증권투자상담사, 파생상품투자권유자문인력, 자산관리사(AFPK/CFP), 국제재무분석사(CFA) 등의 자격증이 실무 역량의 기반으로 간주된다. 상경 계열 전공자들도 이 자격증을 취득하기 위해 수개월에서 수년의 준비 기간을 감내하며, 실제로 합격률이 낮은 자격증도 많다. 이러한 자격증은 채용뿐 아니라, 입사 후 경력 개발과 승진에도 영향을 미치는 중요한 이력 요소다.

반면 IT, 회계, 법률, 의료, 언어 등 각 산업별로 요구되는 자격증은 상이하며, 자격증의 선택은 진로 방향에 따라 달라져야 한다. 예컨대, 정보처리기사나 AWS, SQLD 자격증은 IT 직군에서, CPA와 세무사는 회계·세무 분야에서 필수적이며, 간호사나 임상병리사 자격증은 보건의료 분야에서 법적으로 요구되는 경우가 많다. 언어 능력을 요구하는 직무에서는 TOEIC, OPIc, JLPT, HSK 등의 공인 어학 자격이 입사의 기본 요건으로 작용하기도 한다.

그러나 자격증은 '충분조건'이 아니다. 자격증이 있다고 해서 반드시 취업에 성공하는 것은 아니며, 자격증만으로 역량을 완벽히 대변할 수도 없다. 실무 경험, 커뮤니케이션 능력, 문제 해결력, 조직 적응력, 태도 등 다양한 요소들이 채용 과정에서 함께 고려된다. 따라서 자격증은 하나의 준비 수단일 뿐, 자신이 가고자 하는 분야에서 지속적인 학습과 실천이 동반될 때 비로소 의미 있는 성과로 이어질 수 있다.

성식이의 사례는 이를 명확하게 보여준다. 전공과 무관한 금융 분야에 도전하며, 자격증을 갖추지 못한 상황에서도 실전 경험과 진정성 있는 태도로 면접관을 설득했고, 최종적으로 해당 금융기관에 입사하는 데 성공했다. 입사 후에도 그는 꾸준히 금융 지식을 쌓으며 자격증 준비를 이어갔고, 입사 2년 차가 지나서야 비로소 자산관리사 자격증을 획득할 수 있었다.

전공의 한계를 넘어서 새로운 분야에 도전하고자 할 때, 단순한 스펙보다 더 중요한 것은 자신이 얼마나 성실하게 준비했고, 직무에 대해 얼마나 진심을 가지고 접근해 왔는지이다. 그리고 그것이 면접장 안에서 가장 강력한 설득력이 된다는 것을 성식이는 몸소 증명해 보였다.

🎖 장교 출신 '준영'은 군대에서 축구만 했다

준영이는 대학 졸업 후 초급장교로서 군 복무를 선택했다. 내가 그를 처음 만나게 된 것은 군 복무 중이던 시기로, 부모님의 소개로 상담 자리를 마련하게 되었다. 흥미롭게도 나 역시 준영이처럼 대학을 졸업한 후 장교로 군 복무를 마친 뒤 취업에 나섰던 경험이 있기에, 그의 상황이 낯설지 않았다. 다만, 내가 전역하던 시기와 현재의 채용 환경은 크게 달라져 있었다.

과거에는 장교 출신을 대상으로 하는 별도의 채용 전형이 존재했고, 전역자들 간의 제한된 경쟁 속에서 채용이 이루어지는 구조였다. 그러나 지금은 상반기와 하반기 공개채용 중심으로 채용이 이루어지며, 군 복무 후 취업을 준비하는 졸업자와 재학생이 동일 선상에서 경쟁하는 구조다. 별도의 가점이나 전형상의 배려가 거의 없는 만큼, 군 복무 이후 취업을 준비하는 졸업자 입장에서는 상당한 전략이 필요해진다.

준영이와의 대화에서 가장 먼저 느껴진 것은 취업 준비에 대한 시간적 여유의 부족이었다. 초급장교로 복무하며 평일 대부분은 부대 관리와 훈련으로 채워졌고, 주 1~2회의 야간 근무까지 더해지면 실질적으로 활용 가능한 시간은 주말 일부에 국한되어 있었다. 게다가 일부 주말에도 근무가 예정되어 있어 학습이나 취업 준비를 위한 집중적인 시간 확보는 사실상 어려운 상황이었다. 이는 대부분의 장교 복무자들에게 공통적으로 나타나는 현실적인 제약이기도 하다.

무엇보다 우려되었던 점은, 준영이가 자신의 진로 방향조차 명확히 설정하지 못한 상태였다는 것이다. 전공은 경영학이었지만, 구체적인 직무나 산업에 대한 탐색이 부족했고, 군 복무에 집중하느라 취업에 대한 고민이 상대적으로 늦어진 상황이었다. 이는 졸업 후 곧바로 군에 입대한 학생들에게 자주 발생하는 문제이기도 하다. 일반적으로 재학생들은 3~4학년 시절 동안 취업을 위한 정보를 수집하고 진로를 설계하지만, ROTC와 같은 제도로 장교 임관을 준비하는 학생들은 방학 동안 군사학 이수 및 훈련에 집중하느라 이러한 진로 탐색의 기회를 놓치는 경우가 많다.

나는 우선 준영이에게 금융 관련 자격증 준비를 제안했다. 금융업계로의 진출 여부와 관계없이, 재무나 회계 관련 기초 지식은 대다수 기업에서 필요로 하며, 재무관리, 자산운용, 리스크 관리 등과 같은 금융 지식은 전공이 상경 계열일 경우 진입장벽이 비교적 낮다는 판단에서였다. 특히, 기본 자격증인 AFPK, 투자자산운용사와 같은 자격증은 군 복무 중에도 주말이나 야간 시간을 활용해 이론 학습이 가능하며, 비전공자 대비 학습 난이도가 낮고, 실생활과도 연계할 수 있는 부분이 많아 학습 동기 부여에도 효과적이다. 자격증 취득은 채용 서류 평가 시 우대요소가 될 뿐만 아니라, 향후 금융업종 외에서도 재무·기획·영업관리 직무로의 진출 가능성을 열어줄 수 있다.

군 복무는 남자 대학생이라면 대부분이 경험하는 경로이지만, 그 시간을 어떻게 활용하고 어떻게 해석할 것인가에 따라 취업 시장에서의 인식은 크게 달라질 수 있다. 많은 학생들이 군대 경험이 곧바로 취업에 도움이 된다고 믿지만, 실제로는 그 연결고리를 스스로 설계하지 않는 이상, 단순히 '군 복무'는 경력 공백으로 인식될 수 있다.

군 복무 중에 얻을 수 있는 역량 중 가장 핵심적인 요소는 리더십, 책임감, 위기관리 능력, 팀워크다. 특히 장교 복무자는 일정 규모의 인원과 장비, 자산을 관리하는 경험을 통해 조직 운영 능력과 문제 해결 능력을 체득하게 되며, 이는 많은 직무에서 높이 평가받는다. 단, 이러한 경험을 자기소개서나 면접에서 직무 역량으로 구체적으로 전환해 설명할 수 있어야 한다. 예를 들어, 소대 운영 경험을 조직 관리, 일정 관리, 갈등 조정의 경험으로 구조화하거나, 훈련 시 발생한 예기치 못한 상황에서의 대응 경험을 리스크 관리 혹은 위기 대응 역량으로 전환하여 서술해야 한다.

반면, 군 복무 중 전문적 지식의 유지나 실무 역량 향상에는 제약이 따르며, 빠르게 변화하는 산업에서는 이 시기가 경력 단절로 해석될 위험도 있다. 특히 IT, 데이터 사이언스, 바이오 등의 기술 기반 산업에서는 1~2년의 공백이 기술 흐름에서의 단절로 이어질 수 있기 때문에, 해당 분야로 진출을 계획한다면 군 복무 시기 자체를 산업 변화에 맞춘 전략적 선택으로 설계하는 것이 중요하다. 예컨대 신기술 도입이 예상되는 시점을 고려해 복무 시기를 조정하거나, 군 복무 중에도 온라인 학습이나 자격증 취득 등을 병행해 역량 공백을 최소화하는 노력이 요구된다.

준영이에게는 단계별 목표를 설정하도록 안내했다. 단기적으로는 실현 가능한 금융 관련 자격증 몇 가지를 선정해 시험 일정과 학습 계획을 세우도록 했고, 중장기적으로는 복무 중에 희망 직무에 대한 이해도를 높일 수 있는 자료(직무분석 보고서, 산업 리포트 등)를 주말마다 정리하게 했다. 또한 전역 후 진입 가능한 직무에 대해 상담을 통해 구체적인 경로를 설정하고, 이후 자기소개서 작성 시 군 복무 경험이 해당 직무에 어떻게 부합하는지를 연결할 수 있도록 연습을 시작했다. 그는 부대로 복귀하면서 관련 서적을 구입했고, 주말과 평일 밤 일부 시간을 활용해 학습을 이어가겠다는 의지를 보였다.

군 복무는 피할 수 없는 시간이다. 그러나 그 시간을 공백의 시간으로 남기느냐, 경력의 자산으로 만들 것이냐는 전적으로 본인의 선택과 준비에 달려 있다. 장교로서의 복무는 일반 병사보다 더 많은 조직 운영 경험을 쌓을 수 있는 기회인 만큼, 이를 취업에서 설득력 있는 경쟁 요소로 전환할 수 있도록 체계적인 접근이 필요하다. 단순히 '리더십을 발휘했다'는 진술보다, 어떤 상황에서 어떤 결정을 내렸고, 그 결과 무엇을 얻었는지를 구체화할 수 있어야 한다. 이처럼 군 복무 경험을 전략적으로 해석하고, 직무와 연결하여 설계하는 것이야말로, 취업 시장에서 군 복무 경험을 강점으로 바꾸는 핵심 전략이다.

< 군대 경험을 이력서·면접에서 활용하는 팁 >

- 경험 정리의 프레임: STAR 기법 활용
    - S(상황): 어떤 상황에서
    - T(과제): 내가 맡은 역할과 목표는 무엇이었나
    - A(행동): 내가 취한 행동은
    - R(결과): 그로 인해 어떤 결과가 나왔고, 무엇을 배웠나

예시)
"소대 내 고참과 신병 간 갈등이 발생했을 때 중간 조정자로 나서서 일대일 면담과 소규모 커뮤니케이션 시간을 늘려 갈등을 완화했습니다. 특히, 야외훈련이나 영내에서 보초근무를 함께했던 후임들과의 소통의 시간을 적극 활용했습니다. 그 결과 소대 내부 근무 이탈률이 감소했고, 상관에게도 조직 관리 능력을 인정받은 바 있습니다."

- 직무 연계 포인트
    - 팀워크·리더십 → 기획/관리 직무
    - 자원 배분·인력 운용 → 인사·총무
    - 반복적 훈련과 보고 → 품질관리·공정관리
    - 스트레스 대응과 위기관리 → 영업, CS, B2B 직무

🔖 군인 '성식'아, 결론은 하나란다

성식이는 금융 분야에 대한 뚜렷한 관심을 가지고 있었지만, 실제적인 준비는 다소 부족했던 학생으로 기억된다. 내가 처음 성식이를 만났을 때 그는 군 복무 중 휴가를 나왔던 상병이었다. 대학 시절 친구의 둘째 아들이라는 인연으로, 군에서 휴가를 나오며 서울에서 나와 꼭 만나고 싶다고 연락을 해왔다. 당시에는 전역 후 만나자고 했지만, 그는 자신의 진로에 대한 고민이 너무 깊다며, 굳이 휴가 첫날 시간을 내어 찾아왔다. 강원도에 있는 부대에서 복무 중이었고, 대학 3학년을 마치고 자발적으로 휴학 후 입대한 상태였다.

나는 처음엔 군 생활을 하는 동안에는 일단 건강을 유지하고 주어진 임무에 충실하는 것이 가장 중요하다고 조언했다. 그러나 성식이의 생각은 달랐다. 그는 군 생활 중에도 일정 부분 자기 주도적으로 시간을 활용할 수 있다고 믿었고, 실제로 부대에서도 일부 병사들은 수능을 재도전하거나, 각종 기술 자격증을 준비하며 자기 계발을 하는 경우가 있다고 설명했다. 나 역시 군 복무를 했던 세대이지만, 지금의 군 환경이 더 유연하고 자율성이 높아졌음을 실감할 수 있었다.

성식이는 자신의 진로를 명확히 하기 위해 군 생활 중에도 준비하고 싶다고 말했다. 단지 시간을 흘려보내는 것이 아니라, 방향을 잡고 의미 있게 복무 기간을 보내고 싶다는 강한 의지를 보였다. 나는 두말할 것 없이 어학과 자격증 공부를 추천했다. 그는 이미 대학 2학년 시절부터 토익 공부를 해왔고, 휴학 중에는 어학연수도 다녀온 이력이 있었다. 그러한 준비 이력이 있다면 지금 당장 자격증이라는 '눈에 보이는 결과물'로 연결하는 것이 효과적이라는 점을 강조했다. 특히 금융권 취업을 목표로 하고 있다면 AFPK, 투자자산운용사 등 관련 자격증을 복무 중에 준비하는 것이 현실적으로 매우 유리하다. 자격증은 단순한 서류상의 '스펙'이 아니라, 그 분야에 대한 꾸준한 관심과 준비를 증명하는 수단이며, 군이라는 통제된 환경 속에서 자격증을 취득했다는 사실 자체가 자기관리와 의지를 입증하는 강력한 사례가 된다.

군대 내에서도 자기 계발은 얼마든지 가능하다. 인터넷이 가능한 환경이라면 온라인 강의 플랫폼(예: 에듀윌, 해커스, 패스트캠퍼스 등)을 통해 자격증 강의를 수강하거나, 경제신문을 온라인으로 구독해 금융시장의 흐름을 꾸준히 따라가는 것도 좋은 방법이다. 실제로 요즘은 군 복무 중 스마트폰 사용이 제한적으로 허용되면서, 비번 시간이나 주말을 활용한 비대면 학습 환경이 점차 마련되고 있다. 특히 성식이처럼 어학이나 전공 학습 경험이 있는 경우에는, 군 복무 중 시간을 적절히 분산해 활용하면 AFPK, 펀드투자권유자문인력, 컴퓨터활용능력 1·2급 등은 충분히 취득 가능한 자격증이다.

또한 군 생활을 하면서 자기소개서나 이력서의 초안을 미리 작성해 보는 것도 매우 효과적이다. 복무 중 수행했던 주요 업무, 리더십 경험, 갈등 해결 사례 등을 정리해 두면 전역 후 자기소개서 작성 시 큰 도움이 된다. 이를테면, "부대 내 분대장으로서 인원 관리를 맡았고, 전입병사들의 적응을 돕기 위한 OJT 프로그램을 기획·운영했다"와 같은 내용은 지원 직무에 따라 조직 관리 능력, 커뮤니케이션 역량, 협업 경험 등을 어필하는 데 유용한 서사로 전환될 수 있다.

현실적으로도 군 복무는 일종의 '사회적 공백기'로 인식될 수 있으므로, 이 기간 동안의 활동을 통해 '경력의 연속성'을 증명하는 것이 중요하다. 자격증 하나, 경제 뉴스 하나도 이 시기를 공백이 아닌 준비의 시간으로 만들어 주는 증거가 된다. 또한 가능하다면 군 복무 중 접할 수 있는 취업 관련 콘텐츠나 정보를 꾸준히 모니터링하는 습관을 들이는 것이 좋다. 스마트폰 사용이 제한적이라 하더라도 주말 혹은 외출·외박 시기를 활용하여 잡코리아, 사람인, 크레딧잡 등에서 희망 기업의 채용공고와 인재상, 직무 요건을 미리 파악해 두는 것도 큰 도움이 된다.

군 생활 중 만나는 동료, 선후임과의 관계 역시 귀중한 자산이 될 수 있다. 이들은 각기 다른 배경과 경력을 가진 이들이고, 전역 이후에는 다양한 산업과 기업에서 활동하게 된다. 병영 내에서 쌓은 인간관계를 전역 후에도 유지하고, 필요시 정보를 교환하거나 추천을 받을 수 있도록 관계 관리를 해두는 것이 좋다. 실제로 많은 전역자들이 군 시절 인연으로부터 취업 정보를 얻거나 채용 추천을 받는 사례도 빈번하다.

성식이는 내가 권한 대로 휴가 복귀 시 AFPK 자격증 교재를 구매해 갔고, 복무 중 틈틈이 학습해 결국 전역 전 해당 자격증을 취득했다. 자격증 공부뿐만 아니라 그는 경제신문을 정기적으로 구독하며 시장 흐름을 파악했고, 전역 이후엔 군 복무 중 정리해 둔 경험들을 기반으로 자기소개서를 빠르게 완성해 냈다. 현재 그는 금융권 취업을 목표로 활발히 지원하고 있으며, 군 복무 중의 노력들이 그 과정에 큰 자신감으로 작용하고 있다.

결국 중요한 것은 '환경'이 아니라 '태도'이다. 군이라는 제한된 공간에서도 어떻게 시간을 활용하느냐에 따라 복무 기간은 공백기가 될 수도 있고, 성장의 시기가 될 수도 있다. 진로가 명확하지 않다면 그 시간을 다양한 분야를 탐색하는 시간으로, 진로가 정해져 있다면 명확한 준비의 시간으로 활용하는 것이 중요하다. 자격증 하나, 기사 하나, 혹은 짧은 서류 초안 하나라도 남겨두면, 전역 이후 사회로 나왔을 때 확실한 경쟁력으로 이어질 수 있다. 성식이의 사례는 바로 그 대표적인 예이며, 지금 이 순간 군 복무 중인 또 다른 성식이들에게 실질적인 조언이 될 수 있기를 바란다.

🐾 '세정'은 잠시 머물다 꿈을 이루었다

 이공계 또는 예체능 계열 전공자들의 면접에 대한 어려움은 오랜 시간 동안 필자가 현장에서 지켜보며 실제로도 체감해 온 부분이다. 상대적인 비교일 수 있지만, 이공계 또는 디자인과 같은 실기 기반의 전공을 가진 학생들은 특히 인성면접에서 자신의 역량이나 경험을 효과적으로 표현하는 데 어려움을 겪는 경우가 많다. 물론 이는 그들이 준비가 부족해서가 아니라, 그동안 학업과 실무 중심의 학습 환경에 몰입하다 보니 자연스럽게 '말로 자신의 경험을 정리해 전달하는 훈련'이 부족했던 탓이 크다. 하지만 반대로 말하면, 이들은 대부분 전공과 관련한 진로에 대한 방향성과 열정이 매우 분명하고 강하다는 공통점을 지닌다.

 친구의 딸이었던 세정이 역시 그런 학생 중 하나였다. 국내에서 손에 꼽히는 명문 예고와 디자인 대학을 졸업한 그는, 포트폴리오와 실무 능력 면에서는 누구보다 뛰어났지만, 코로나 시기의 채용 축소라는 외부 요인과, 스스로를 표현하는 기술의 부족으로 인해 어려움을 겪고 있었다. 그가 처음 나를 찾아온 시기는 대기업의 디자이너 인턴 면접을 앞두고 있을 때였다. 나와 면접 준비를 하며 느낀 점은 명확했다. 그는 분명한 목표와 직업적 소명을 가지고 있었고, 디자인이라는 분야에 대한 애정과 전문성도 분명했다. 그러나 면접에서 그것을 '어떻게 말로 표현할 것인지'에 대한 준비가 부족했다.

면접에서 중요한 것은 단순히 스펙이나 경험의 나열이 아니라, 그것을 '어떻게 의미 있게 해석하고 전달하느냐'에 있다. 특히 디자인처럼 결과물이 시각적으로 표현되는 분야는 말보다는 작품으로 보여주는 데 익숙하기 때문에, 말로 설득하는 인터뷰 상황에서는 약점을 드러내기 쉽다. 나는 세정이에게 면접은 '경험의 재구성'이며, 자신이 걸어온 길을 직무와 조직에 어떻게 연결할지를 보여주는 자리라고 강조했다. 스터디카페에서의 2시간은 단순한 기술 훈련이 아니라, 그가 자신의 경험을 처음으로 '이야기'로 꺼내본 시간이었다. 그 이후 세정이는 면접에 대한 자신감을 조금씩 회복했고, 비록 첫 번째 대기업 인턴 면접에서는 원하는 결과를 얻지 못했지만, "이전보다 자신감 있게 응할 수 있었다"라는 말과 함께 고마움을 전해왔다.

그 후 세정이는 한 중견기업의 디자이너로 입사하게 되었다. 우리가 함께 준비했던 면접 스킬들이 실전에서 큰 도움이 되었다는 이야기를 들었을 때, 결과와 상관없이 그 경험이 세정이에게 남긴 성장의 흔적이 분명히 있었다는 것을 느낄 수 있었다. 물론, 그 회사는 세정이가 처음부터 목표했던 곳은 아니었다. 하지만 그는 그곳에서도 자신의 역할에 최선을 다했고, 실무 능력을 인정받아 우수 디자이너로 성장해 나갔다. 전화 통화로 격려하며 전했던 말이 기억난다.

"비록 지금은 처음 목표한 곳은 아니더라도, 지금 그 자리에서도 최고의 결과를 만들어가는 것이 결국 당신의 진짜 실력이다."

1년여가 지나고, 세정이의 아버지에게서 다시 연락이 왔다. 세정이가 다시 대기업 디자이너 공개채용에 도전하고 싶어 한다는 이야기였다. 나는 그의 부모에게 지금의 안정적인 직장을 떠나는 것에 대한 우려도 당연히 이해하지만, 세정이가 더 큰 무대를 꿈꾸고 있고, 이전보다도 더욱 철저하게 준비할 수 있는 상태라면 적극적으로 응원해 주는 것이 좋겠다는 의견을 전했다. 세정이는 도전과 성장의 가치를 중요시하는 사람이었고, 그의 성향과 역량은 충분히 대기업 무대에서도 통할 수 있다는 확신이 있었다.

취업을 준비하는 과정에서 많은 학생들이 대기업과 중소기업 사이에서 갈등을 겪는다. 각각 장단점이 명확하기 때문이다. 대기업은 비교적 안정적이고, 복지 혜택과 연봉이 높으며, 체계적인 교육과 경력관리 시스템이 갖춰져 있다. 브랜드 가치가 높고, 다양한 프로젝트를 통해 커리어의 깊이와 폭을 동시에 확보할 수 있다. 반면, 경쟁이 치열하고 선발 기준이 높으며, 조직이 크기 때문에 자율성과 창의성 발휘에 제약이 있을 수 있다. 특히 특정 부서에 배치된 후 담당 업무가 반복되거나, 직무 순환 기회가 적을 경우 성장의 한계를 느낄 수도 있다.

중소기업은 상대적으로 자율성과 책임이 크며, 빠르게 실무에 투입되어 경험을 쌓을 수 있는 장점이 있다. 실무 범위가 넓고, 자신의 기여가 회사의 성과에 직접적으로 연결되는 구조이기 때문에 보람을 느끼기도 쉽다. 성과가 눈에 띄기 때문에 빠른 승진과 직무 확장의 기회도 열려 있다. 다만, 자금력이나 복지, 고용 안정성 면에서는 대기업에 비해 약한 것이 사실이며, 회사 규모에 따라서는 연봉이나 경영 구조가 매우 불안정할 수 있다.

중요한 것은, 자신의 성향과 커리어 목표에 따라 선택의 기준을 세우는 것이다. 안정성과 체계적인 경력관리, 사회적 인지도 등을 중시한다면 대기업이 적합할 수 있고, 빠른 성장을 원하고 자율적으로 일하며 도전하는 환경을 선호한다면 중소기업에서 더 큰 만족을 얻을 수도 있다. 그 선택에 정답은 없다. 오직 '자신에게 맞는 방향'이 있을 뿐이다.

그 후 세정이는 대기업 디자이너 공채에 다시 도전했고, 마침내 입사에 성공했다. 지금 그는 글로벌 브랜드와 협업하며 국내외 유수 디자이너들과 어깨를 나란히 하고 있다. 처음 만났을 때의 다소 조심스럽던 태도는 이제 사라졌고, 전문가로서의 자신감을 바탕으로 매 프로젝트마다 책임 있는 역할을 수행하고 있다. 얼마 전, 그가 결혼을 앞두고 있다는 소식도 전해 들었다. 나는 반가운 마음으로 축하 인사를 건넸고, 그가 걸어온 길이 단순히 '취업 성공'이 아닌, '자기 삶의 방향을 스스로 설계하고 실현한 여정'이었다는 것을 다시금 확인할 수 있었다.

세정이의 이야기는 단순한 한 사람의 취업 성공담이 아니다. 자신이 가진 강점과 약점을 정확히 인식하고, 부족한 부분을 보완하며, 준비를 통해 성장해 가는 모든 이들에게 주는 소중한 메시지다. 면접이 어렵다고 느끼는 학생들에게, 또 대기업과 중소기업 사이에서 고민하는 이들에게, 그리고 한 번의 실패로 좌절하는 이들에게 세정이의 경험은 분명한 용기와 방향을 줄 수 있을 것이다. 진로는 타고나는 것이 아니라, 만들어가는 것이다. 그리고 그 길은 반드시 정해진 순서로만 이루어지는 것도 아니다. 도전과 준비가 있다면, 기회는 언제든 다시 찾아온다.

Part 3.
자기소개서

글자 수가 부족하고 오타가 많았던 '인영'의 첫 자기소개서

누구에게나 '처음'이라는 순간은 존재한다. 그것은 설레기도 하고, 두렵기도 하며, 무언가를 배우는 출발점이 되기도 한다. 필자가 취업 준비생들을 만나는 과정에서도 그 '처음'을 마주한 지원자들을 종종 만나곤 한다. 누군가는 처음으로 입사지원서를 작성하고, 누군가는 생애 첫 면접을 준비하며, 또 누군가는 처음으로 자기소개서를 쓰기 위해 긴장된 마음으로 자리에 앉는다. 인영이도 그랬다. 대학교 4학년 1학기, 취업 준비를 막 시작한 인영이는 자기소개서를 처음 작성하게 되었고, 나와의 상담 역시 그 시작점에 있었다.

나는 인영이에게 상담에 앞서, 자신이 지원하고 싶은 기업을 정한 후, 해당 기업의 자기소개서 문항 중 하나라도 초안을 작성해 오라고 과제를 주었다. 1주일 후 만난 인영이는 밝은 표정으로 나를 반겼고, 꽤 자신에 찬 모습으로 첫 자기소개서를 건넸다. 처음이라는 것을 감안하더라도, 역시 기대했던 모습 그대로였다. 글자 수는 요구된 분량의 절반도 채 되지 않았고, 문장 구조는 대화체와 줄임말이 뒤섞여 있었으며, 띄어쓰기나 문단 구분도 되지 않아 한 문장이 네 줄을 넘기는 경우도 있었다. 무엇보다도, 전체적인 구성이 목적의식 없이 흘러가고 있었다. 물론 처음이라는 점에서 모든 것이 용납될 수 있지만, 취업의 첫 관문인 서류에서 기본적인 형식조차 갖추지 못한다면 다음 단계로 이어지는 것이 어려울 수밖에 없다는 점은 분명히 짚고 넘어가야 했다.

자기소개서란 결국, 자신을 전혀 알지 못하는 제3자에게 '읽히고 싶게' 만드는 글이다. 지원자가 어떤 사람인지, 어떤 경험을 했고, 어떤 가치를 지녔는지를 낯선 독자에게 전달하고 설득하는 일종의 자기 PR 문서다. 그래서 나는 인영이에게 자기소개서를 '하나의 책'으로 비유했다. 독자는 이 책을 읽고 싶어야 한다. 표지가 흐릿하고 목차도 없으며 내용도 정리되어 있지 않다면, 아무리 열정이 담긴 이야기라도 읽히지 않게 된다. 이 말에 인영이는 다소 엉뚱한 표정을 지으며 "자기소개서는 저를 소개하는 진지한 문서이고, 제가 얼마나 노력했는지를 보여주는 거 아닌가요?"라고 되물었다. 물론 틀린 말은 아니었다. 그러나 자기소개서는 단순히 열정을 나열하는 것이 아니라, 평가자의 눈과 입장에서 '읽히는 글'이 되어야 한다는 것을 이해해야 했다. 자기소개서 평가자는 지원자를 직접 만나지 않고, 문서 하나로 그 사람을 판단해야 한다. 그 문서가 깔끔하고 논리적이며 가독성이 높아야 첫 관문을 통과할 수 있다.

그래서 나는 인영이에게 자기소개서를 최소 다섯 번 이상 소리 내어 읽어보라고 권유했다. 첫 번째 읽을 때는 자연스럽게 넘어가던 문장이 두 번째, 세 번째 읽을 때마다 어색하게 느껴졌고, 결국 네 번째쯤에는 본인도 '더는 읽기 힘들다'는 반응을 보였다. 그 경험을 통해 인영이는 비로소 자신이 작성한 글의 완성도가 얼마나 낮았는지를 실감하게 되었고, 자기소개서가 단지 형식적인 절차가 아니라, 자신의 진정성을 전달하는 첫 번째 문이라는 점을 체감하게 되었다.

내가 예전에 공공기관의 서류 평가위원으로 참여했을 때도, 짧은 시간에 온라인 평가 시스템을 통해 수많은 자기소개서를 읽은 경험이 있다. 그 과정에서 가장 먼저 눈에 들어오는 것은 글자 수와 문단 배치, 문장의 정돈 상태였다. 지원자 리스트를 열면 동시에 수십 명의 자기소개서가 펼쳐지는데, 그중에서 정돈되지 않은 문서, 글자 수가 현저히 부족하거나 한눈에 읽기 힘든 구조를 가진 글은 자연스럽게 주목도에서 밀릴 수밖에 없다. 이는 사람을 처음 만났을 때의 외모나 첫인상처럼, 자기소개서도 첫 시각적 정보가 평가에 큰 영향을 미칠 수 있다는 것을 의미한다. 물론 내용이 우수하다면 외형적인 단점을 극복할 수 있지만, 대부분의 평가자들은 수십 건의 글을 빠르게 검토해야 하기에 '첫인상'은 생각보다 중요한 평가 요소로 작용한다.

자기소개서를 효과적으로 작성하기 위해서는 주어진 글자 수를 가능한 한 충실히 채워야 하며, 문단의 구성, 문장의 길이, 키워드 배치 등에 신경 써야 한다. 글자 수가 부족할 경우에는 억지로 양을 늘리기보다, 핵심 경험을 중심으로 구체적인 상황과 행동, 결과를 시간의 흐름에 따라 단계적으로 기술하는 방식이 효과적이다. 예를 들어 '리더십 경험'에 대해 이야기할 때, 단순히 "조장을 맡았다"라는 언급보다는, 어떤 프로젝트였는지, 팀원들과의 갈등은 어떻게 해결했는지, 결과는 어땠는지를 상세히 기술하면 훨씬 더 읽을거리가 풍부해지고 글자 수도 자연스럽게 확보된다. 마찬가지로 직무 관련 경험이 있다면, 해당 경험이 어떻게 지원 직무와 연결되는지를 명확히 설명해야 하고, 자격증이나 교육 이수 경력이 있다면 그것이 어떤 맥락에서 선택되었고 어떤 실무 능력과 연계될 수 있는지도 언급해 주어야 한다.

또한 자기소개서 작성에서 흔히 간과되는 것이 오타와 문법 오류다. 지원자 입장에서는 '작은 실수'로 여길 수 있지만, 평가자의 입장에서는 '정성의 부족'으로 받아들여질 수 있다. 특히 커뮤니케이션 능력이 중요한 직무이거나, 문서 작성 능력이 중요한 직군일수록 오타는 치명적인 감점 요소가 될 수 있다. 자기소개서를 제출하기 전에는 반드시 여러 번 읽어보아야 하며, 맞춤법 검사기를 활용하거나 제3자의 도움을 받아 교정하는 것이 좋다. 글 한 줄, 문장 하나가 면접 기회를 좌우할 수도 있다는 사실을 항상 염두에 둬야 한다.

결국, 인영이는 처음으로 작성한 자기소개서에서 수많은 시행착오를 겪었지만, 그 과정에서 많은 것을 배웠다. 처음에는 오히려 혼란스러워했지만, 꾸준한 피드백과 자기 점검을 통해 자기소개서의 구조를 이해하고, 평가자 중심의 사고를 갖추기 시작했다. 그 결과, 첫 번째 지원 기업의 서류 전형을 무사히 통과했고, 면접까지 함께 준비하며 최종 합격이라는 결과를 만들어냈다.

인영이의 사례는 처음이 어렵지, 시작하고 나면 바뀔 수 있다는 가장 현실적인 증거다. 자기소개서는 단지 자신의 열정을 표현하는 문서가 아니다. 독자가 읽고, 이해하고, 설득될 수 있도록 '설계'된 글이어야 한다. 그 시작이 다소 미흡하더라도, 바르게 접근하면 누구나 충분히 발전할 수 있다. 그리고 그 '처음'이 결국 좋은 결말로 이어질 수 있다는 것을, 인영이는 몸소 보여주었다.

🐾 '민지'는 자소서를 많이 써봤지만 아직 의구심이 있었다

대학 3~4학년 선배들과 함께하는 팀 미팅 자리에 초대한 민지는 지방의 자립형 사립고를 졸업하고 서울로 올라온 신입생이었다. 중학교 시절부터 고등학교 입시를 준비하며 논술과 자기소개서를 쓰는 훈련을 받아왔던 만큼, 선배들과의 취업 관련 대화를 매우 진지하게 듣고 있는 모습이 인상 깊었다.

미팅이 끝난 뒤, 민지가 조심스레 던진 질문은 뜻밖이었다. "정말, 채용 시즌에 접수된 그 수많은 자기소개서를 다 읽으시나요?" 평소 자기소개서의 중요성을 충분히 알고 있던 민지였지만, 현실적으로 수백 배수에 이르는 경쟁률 속에서, 정말 채용담당자나 평가자들이 일일이 자기소개서를 정독할 수 있는지에 대한 의문이 생긴 것이다. 이는 많은 취업 준비생들이 갖는 자연스러운 궁금증이기도 하다. 실제로 공채 시즌이 되면 몇천 건에 달하는 자기소개서가 한 기업에 몰리기도 하니, 과연 그 모든 글이 정성껏 평가받는 것일까?

이 질문에 대해 나는 "기업마다 다르지만, 결코 자기소개서를 허투루 보지는 않는다"라고 이야기했다. 어떤 기업은 서류 전형 시기에 현직 직원들을 자발적으로 모집해 주말 동안 자기소개서를 평가하도록 한다. 인사팀만이 아닌, 실제 해당 부서에서 함께 일할 선배들이 평가에 참여함으로써, 지원자의 실무 적합성과 조직 친화도를 판단하려는 것이다. 공공기관의 경우에도 외부 전문가를 위촉해 서류 심사를 진행하는 일이 많고, 그들은 글의 문맥, 직무 연관성, 지원동기의 진정성 등을 기준으로 매우 신중히 평가에 임한다. 결국 자기소개서는 단순히 겉모습만 보고 통과시키는 문서가 아니라, 누군가가 시간과 노력을 들여 '읽고 판단하는 문서'라는 점에서, 지원자도 그에 맞는 정성과 전략을 갖고 준비해야 한다.

민지는 고등학교 시절 자기소개서를 쓰며 많은 피드백을 받고 수정했던 경험이 있었기에, 이런 이야기에 더욱 깊은 관심을 보였다. 취업 자기소개서 역시 대학 입시와 마찬가지로 '자신을 글로 표현하는 일'이라는 본질은 같지만, 그 목적과 전달 방식, 독자의 기대는 분명히 다르다. 대학 입시는 성장 가능성과 학습 태도에 초점을 맞춘다면, 취업 자기소개서는 지원 직무에 대한 이해, 실무 능력, 조직 적응력, 그리고 커뮤니케이션 역량까지 종합적으로 평가한다. 따라서 자기소개서를 단순히 '성실하게 썼다'는 점만으로 평가받기보다는, 얼마나 직무에 적합하게 설계되었는지, 어떤 경험이 실질적인 기여를 암시하는지 등 실무 관점에서 설득력 있게 풀어내는 것이 관건이다.

많은 취업 멘토들이 자기소개서를 쓸 때 다음과 같은 요소를 기준으로 조언하곤 한다.

첫째, 기본적인 글쓰기 규칙을 반드시 지켜야 한다. 맞춤법, 문장부호, 문장 구성에서 실수가 많으면 글의 완성도는 물론, 지원자의 세심함과 전문성에 대한 의구심을 자아낼 수 있다.

둘째, 자기소개서는 하나의 이야기 구조를 가져야 한다. 서론-본론-

결론이라는 기본 구조 안에서 자연스럽게 자신의 경험과 성장 과정, 그리고 직무 적합성을 연결해야 한다. 특히 본문에서는 지원 직무와 관련된 구체적인 경험, 문제 해결 사례, 팀워크 발휘 장면 등을 중심으로 구체적으로 서술하는 것이 좋다.

셋째, 자기소개서는 '일기'가 아니라 '설득문'이라는 점을 명심해야 한다. 감정적인 나열보다는 논리적인 흐름과 직무 중심의 관점을 유지하며, 평가자가 '이 지원자가 우리 회사에서 일할 준비가 되어 있다'는 확신을 가질 수 있게 구성해야 한다.

넷째, 내용만큼 중요한 것은 '첫인상'이다. 글자 수가 너무 부족하거나, 문단 구성이 엉성하면 읽는 사람이 처음부터 관심을 가지기 어렵다. 일반적으로 자기소개서가 갖춰야 할 최소한의 글자 수(보통 항목별 80~90% 이상 작성)는 지켜야 하며, 가독성을 높이기 위한 문단 나누기, 핵심 문장의 배치 등도 중요하다.

한 가지 유용한 팁은, 자기소개서를 쓸 때 반드시 '소리 내어 읽어보기'다. 글을 눈으로만 확인하면 잘못된 문장 구조나 어색한 표현을 지나치기 쉽다. 하지만 소리 내어 읽으면 문장 사이의 논리적 단절, 흐름의 끊김, 반복되는 어휘 등도 자연스럽게 감지할 수 있다. 실제로 나는 자기소개서 피드백을 할 때 지원자에게 반드시 다섯 번 이상 소리 내어 읽어보게 한다. 그렇게 읽다 보면 본인도 어느 순간 '더는 읽기 힘들다'는 반응을 보인다. 그 지점이 바로 글을 다시 구성하고 다듬어야 할 타이밍이다.

민지는 이 이야기를 진지하게 받아들였고, 이후에도 종종 연락을 주고받으며 대학 생활의 방향을 조율하고 있다. 1학년 시절부터 다양한 동아리 활동에 참여하면서도 학점 관리를 철저히 하여 4.25/4.5라는 우수한 성적을 유지했고, 2학년이 되어서 본격적으로 학회 활동에 참여하며 자신의 진로를 금융 분야로 구체화해 나가고 있다. 아버지가 사업을 하고 계시기에 자연스레 창업이나 경영에 관심을 가질 줄 알았지만, 민지는 스스로 금융권의 전문가가 되고 싶다는 뚜렷한 목표를 가지고 자격증 취득에도 열정을 보이고 있다.

취업 자기소개서란 단순히 형식적인 절차를 밟기 위한 글이 아니다. 그것은 '자신을 누군가에게 처음 소개하는 과정'이며, '이 사람을 더 만나보고 싶다'는 호기심을 유발해야 하는 문서다. 그 첫인상이 무너지면 아무리 좋은 역량도 보이지 않게 된다. 따라서 자기소개서를 준비하는 모든 이들이, 그 안에 자신의 경험과 강점, 그리고 진정성을 논리적으로 담아낼 수 있도록, '보여 주기 위한 글쓰기'가 아닌 '이해시키기 위한 글쓰기'를 연습해야 한다.

민지는 이제 막 대학 생활의 두 번째 해를 시작했지만, 그 누구보다 성숙한 방향성과 준비 태도를 보여주고 있다. 그 모습이 참 대견하고, 앞으로 그녀가 목표한 금융권에서 멋진 커리어를 펼치게 되기를 진심으로 응원하고 있다. 자기소개서를 둘러싼 민지의 호기심에서 시작된 대화는, 취업이라는 인생의 전환점을 향해 걸음을 내딛기 시작한 모든 이들에게 '준비의 태도'가 얼마나 중요한지를 다시 한번 일깨워 주었다.

📌 '영일'이는 스토리텔링 자소서를 만들었다

지점장으로서의 생활 속에서도 가장 솔직하고 깊은 대화를 나눌 수 있는 이들이 있다면, 바로 함께 근무하는 동료 지점장들일 것이다. 어느 날 강남 지역에서 함께 근무하던 선배 지점장님과의 저녁 자리에서, 평소보다 유독 말수가 적고 안색이 좋지 않은 모습을 보게 되었다. "선배님, 무슨 일 있으세요?" 조심스럽게 안부를 여쭈었고, 선배님은 조심스레 마음속 이야기를 꺼내셨다. 전날 밤, 취업 준비 중인 큰아들과 자기소개서를 두고 다툼이 있었다는 것이었다.

퇴근 후 아들이 자기소개서를 쓰고 있는 모습을 본 선배님은, 아버지로서 무심코 "내가 한번 읽어볼까?"라고 말을 건넸고, 아들은 곧장 "아버지가 뭘 안다고요?"라는 날 선 반응을 보이며 반발했다는 것이다. 순간 화가 난 선배님은 언성을 높였고, 결국 둘 사이엔 깊은 감정의 골이 생겼다. 하루 종일 그 일이 마음에 걸렸다는 선배님은 그렇게 술잔을 비우고 계셨다.

나는 선배님께 조심스럽게 말씀드렸다. "혹시 아이가 괜찮다면, 자기소개서를 저에게 보내보시죠. 제가 대학생들과 소통하면서 코칭한 경험이 있으니 도움이 될지도 모릅니다. 다만, 아이가 원하지 않으면 억지로는 보내지 마세요." 선배님은 내게 어떤 경험이 있었는지를 묻기 시작했고, 나는 대학생들에게 자기소개서 컨설팅을 해오며 느낀 사례와 방법들을 말씀드렸다. 진심이 통한 것일까, 며칠 후 선배님께 연락이 왔다. "아들이 자기소개서를 메일로 보냈고, 그걸 내가 다시 전송했으니 봐주고, 아마 직접 찾아올지도 모르니 잘 부탁해."

며칠 후, 약속된 시간에 영일이가 지점장실을 찾아왔다. 선배님의 큰아들답게 인상도 좋고, 말투에도 단정함이 묻어 있었다. 손에는 자기소개서 출력본이 들려 있었다. 읽어본 자기소개서는 유명 통신회사의 공채 자기소개서였고, 항목은 '성장과정, 지원동기, 존경하는 인물, 앞으로의 포부'로 구성돼 있었다. 나는 우선 "자기소개서를 쓰면서 어떤 항목이 가장 어려웠어?"라고 물었고, 그는 "존경하는 인물이요. 누구를 써야 할지 모르겠어요"라고 답했다. 그러나 사실상 전체적으로 구조와 내용의 깊이가 아쉬운 상태였다.

나는 작성해 온 자기소개서를 덮어 두고 대화를 시작했다. 자연스럽게 이야기는 영일이의 아버지, 즉 선배 지점장님에 대한 이야기로 흘러갔다. 아버지와의 갈등이 있었던 점, 평소 가정 내에서의 아버지의 모습, 가족들과의 관계 등에 대해 물었다. 영일이는 "아버지는 항상 바쁘셨어요. 저녁에도 늦게 들어오시고, 주말에도 골프나 약속이 많으셨어요"라며 아쉬움을 내비쳤지만, 동시에 "어렸을 땐 아버지가 매주 대중탕에 저와 동생을 데려가셨어요"라고 이야기했다. 대중탕에서 등을 밀어주며 주고받던 대화들, 잔소리처럼 들렸지만 결국 성장의 자양분이 되었던 그 시간들. 그 이야기를 들으며, 나 역시 돌아가신 아버지와의 추억이 떠올랐고, 우리는 비슷한 감정을 공유할 수 있었다.

나는 말했다. "네 등을 밀어주던 아버지가, 그때 무슨 말을 했는지는 기억나지 않겠지만, 그 시간이 네 인생에 어떤 의미였는지를 생각해 보면 좋겠다. 그 당시 너에게는 잔소리로만 들렸을지 몰라도, 그 시간이 지금의 널 만든 것은 아닐까?" 그리고 제안했다. "존경하는 인물을 아버지로 설정해 보자. 단순히 가족이기 때문이 아니라, 삶 속에서 함께 만들어 온 기억과, 그 안에서 배운 가치들을 이야기로 풀어보면 어떨까?"

며칠 후 영일이가 다시 보낸 자기소개서는 전혀 다른 글이 되어 있었다. '존경하는 인물'로 아버지를 설정하며, 어릴 적의 목욕탕 기억, 그 안에서 주고받은 삶의 교훈, 그리고 그로 인해 자신이 추구하는 직업인의 가치와 비전까지, 자연스럽게 연결된 하나의 스토리로 완성된 글이었다. 각 항목은 따로 떨어져 있는 것이 아니라, 마치 하나의 에세이처럼 유기적으로 연결되어 있었고, 영일이의 감정과 성장 과정이 진정성 있게 녹아 있었다.

이처럼 자기소개서에 '스토리텔링 기법'을 활용하는 것은 단순한 정보 전달이 아닌 '공감'과 '이해'를 끌어내는 효과적인 전략이다. 흔히 추천하는 구조는 '도입 → 갈등/문제 → 해결과정 → 결과 → 직무 연결'이다. 단순히 무언가를 했다는 사실만 나열하는 것이 아니라, 왜 하게 되었는지(동기), 어떤 어려움이 있었고(갈등), 그것을 어떻게 극복했는지(행동), 어떤 교훈을 얻었는지(성과), 그리고 그것이 왜 이 직무에 도움이 되는지를 서술하면, 읽는 이가 자연스럽게 몰입할 수 있게 된다.

자기소개서에서의 '존경하는 인물' 항목은 단순히 위인이나 유명인을 적는 질문이 아니다. 그 인물을 통해 자신의 가치관과 방향성을 보여주는 것이 핵심이다. 부모님, 스승, 친구, 또는 동아리 선배라도 좋다. 중요한 것은 '그 인물이 나에게 어떤 영향을 주었고, 나는 그 영향을 어떻게 받아들이고, 지금 어떻게 행동하고 있는가'를 서술하는 것이다. 이 과정을 통해 지원자는 자신만의 색깔과 정체성을 자연스럽게 드러낼 수 있다.

결국 자기소개서는 단지 잘 쓰는 글이 아니라, '자신을 얼마나 진정성 있게 드러낼 수 있는가'에 달려 있다. 영일이는 아버지와의 갈등을 딛고 진심 어린 대화를 나눈 끝에, 자신의 삶에서 가장 큰 영향을 준 사람을 되돌아보았고, 그 감정이 담긴 글은 채용 담당자에게도 분명히 진심으로 전달되었을 것이다.

부모의 조언은 종종 '잔소리'로 들리기 마련이다. 그러나 시간이 흐르면 그 잔소리 속에 담긴 사랑과 방향성이 보이기 시작한다. 영일이처럼 그런 마음을 스스로 깨닫고 표현할 수 있었던 용기 있는 젊은이가 앞으로 사회에서도 건강하게 성장하길 진심으로 응원한다. 지금처럼 진심을 담은 자기소개서를 쓸 수 있다면, 앞으로 어떤 문도 열 수 있을 것이다.

지금 영일이는 대기업 계열 전자회사에 입사하여 가정도 이루었고 최근에는 해외주재원을 준비 중이라는 소식을 들었다. 영일이의 아버님이신 선배님은 정년퇴직 후에도 작은 금융기관에서 계약직으로 일하시면서 열정 어린 활동을 하고 계신다.

영일이의 아버님은 영일이에게나 우리 후배들에게도 존경받으실 만한 분이신 것이 확실하다.

🐾 자소서를 하나의 형식으로 알았던 '상현'이

자기소개서는 기업에 제출하는 입사지원서로서, 단순히 자신을 소개하는 문서 이상의 의미를 가진다. 분명히 채용 과정에서 지원자를 평가하기 위한 첫 번째 관문이자, 회사와의 첫인상을 결정짓는 중요한 수단이다. 하지만 많은 지원자들이 간과하기 쉬운 점이 있다. 자기소개서는 단순한 서류 평가 도구가 아니라, 면접 준비를 위한 전략적 자료이자, 실제 면접 질문의 출처가 되기도 한다는 사실이다.

상현이와의 첫 만남은 면접을 준비하기 위해서였다. 상현이는 대학 시절 대외 활동 프로그램에서 필자와 교류가 있었던 지인의 소개로 연결되었고, 당시 취업을 준비 중인 한 선배의 권유로 코칭을 받게 되었다. 만남은 서울의 한 카페에서 이루어졌고, 상현이는 서류 전형을 통과해 면접을 앞둔 상황이었다. 음료를 준비한 뒤, 나는 가장 먼저 "자기소개서를 보여 줄 수 있겠냐"라고 물었지만, 상현이는 준비해 오지 않았다고 답했다. "이미 제출한 것이고, 면접에서 굳이 필요 없을 줄 알았다"라는 게 이유였다.

많은 지원자들이 간과하는 부분이 바로 이것이다. 자기소개서는 '서류 전형'만을 위한 문서가 아니다. 오히려 면접 준비를 위한 가장 핵심적인 참고 자료이자, 면접관들이 질문을 구성할 수 있는 '기초 자료'가 된다. 특히 공공기관이나 대기업의 경우, 면접관은 면접 당일에야 지원자의 서류를 처음 접한다. 더욱이 '블라인드 채용'을 실시하는 공공기관은 지원자의 학력, 연령, 출신 지역 등이 가려진 상태에서 자기소개서만을 바탕으로 평가하게 된다. 이처럼 자기소개서는 면접관에게 제공되는 거의 유일한 사전 정보이며, 이 안에 어떤 내용을 어떻게 담았느냐에 따라 면접의 방향이 결정된다고 해도 과언이 아니다.

그래서 나는 상현이와 함께 그의 자기소개서를 이메일로 불러와 노트북으로 확인하고, 그 안에서 예상 면접 질문 15개를 도출해 주었다. 그중 일부는 다음과 같았다.

이메일 주소에 왜 'Freshman'이라는 단어가 들어갔는가?
군 복무 포함 대학 생활이 7년이 넘은 이유는 무엇인가?
전공 중 통계학 과목의 학점이 낮은 이유는?
자기소개서에서 강조한 학회 활동에서 본인이 한 핵심 역할은 무엇이며, 그 활동을 통해 무엇을 배웠는가?

이 외에도 자기소개서 안에 있는 단어, 문장 하나하나를 면접 질문으로 연결해 보니 꼬리 질문까지 포함하면 30개가 넘는 질문이 나왔다. 상현이는 이를 통해 자기소개서가 단지 '통과용 서류'가 아니라, 면접의 설계도와도 같은 역할을 한다는 점을 실감했고, 본격적인 면접 준비의 중요성을 체감하게 되었다.

실제로 면접관의 입장에서 보면, 제출된 자기소개서를 기반으로 지원자의 직무 이해도, 문제 해결 능력, 협업 경험, 의사소통력 등을 파악할 수 있다. 이때 자기소개서의 완성도가 낮거나 애매한 표현이 많다면, 면접관은 명확하지 않은 내용을 캐묻게 되고, 지원자는 방어적으로 답하거나 오히려 불리한 상황에 몰릴 수 있다. 반대로 논리적으로 잘 구성된 자기소개서는 면접을 유리하게 이끄는 출발점이 된다.

특히 자기소개서의 첫 문장과 마지막 문장은 중요하다. 첫 문장은 독자의 이목을 끌 수 있는 흥미롭고 명확한 표현이어야 하며, 마지막 문장은 긍정적이고 자신감 있는 태도로 마무리하되, 겸손함과 진정성을 함께 담는 것이 바람직하다.

예를 들어,
첫 문장: "저는 숫자보다 사람과의 연결에서 더 큰 가치를 발견하는 마케터가 되고 싶습니다."
마지막 문장: "작은 일에도 최선을 다하며 배우는 자세를 잃지 않겠습니다. 기회가 주어진다면, 회사의 성장과 함께 제 역량을 증명하겠습니다."
이처럼 첫인상과 마지막 인상은 자기소개서뿐 아니라 면접의 흐름까지도 결정지을 수 있다.

상현이와의 만남을 마무리하며, 우리는 다음 만남에서 구체적인 과제를 정했다. 자기소개서를 기반으로 중요 예상 질문 15개와 꼬리 질문 30개를 준비하고, 자기소개서의 도입과 마무리 문장을 각각 작성해와 공유하기로 했다. 단순한 코칭을 넘어 자기소개서와 면접 사이의 유기적 연결고리를 체득하는 것이 이번 만남의 핵심이었다.

이처럼 자기소개서는 입사의 첫 관문을 넘기 위한 평가자료일 뿐 아니라, 면접의 흐름을 주도할 수 있는 전략적 도구이다. 자기소개서를 준비하는 모든 취업 준비생들이 단지 형식적인 문서가 아니라, 나를 말로 소개하기 위한 '출발선'으로 접근해야 하는 이유가 여기에 있다. 처음 쓴 자기소개서가 다소 부족하더라도, 그 안에 자신의 생각과 스토리를 녹여내기 위한 진지한 노력이 있다면, 그것이 결국 면접의 자신감으로 연결될 수 있다.

🔖 예상 질문 90% 적중률에 놀란 '현상'이

현상이와의 모의 면접 준비는 단순한 코칭 이상의 의미가 있었다. 우리는 면접을 불과 이틀 앞두고 만났기 때문에 많은 양의 질문을 만드는 것보다는, 핵심적인 질문 15개와 인성면접 대비 질문 10개를 중심으로 심화된 준비를 진행했다. 질문마다 예상 답변을 정리한 뒤, 유사한 질문에도 동일한 메시지를 전달할 수 있도록 표현의 유연성을 키우는 연습도 함께 병행했다. 예상 질문을 단순히 '정답'으로 외우는 것이 아니라, 핵심 메시지를 가지고 다양한 상황에 적용할 수 있도록 훈련한 것이다.

면접이 끝난 뒤, 현상이에게서 들려온 피드백은 매우 인상 깊었다. 다소 들뜬 목소리로 전화를 건 그는, "정말 놀랍게도, 예상했던 질문 중 대부분이 그대로 나왔고, 유사 질문까지 포함하면 거의 전부였어요!"라고 말했다. 무엇보다 자기소개서에 기반한 질문이 상당수 포함되었고, 그에 따라 미리 준비했던 내용을 자연스럽게 말할 수 있어 자신감 있게 면접에 임할 수 있었다며 고마움을 전했다.

현상이의 이 경험은 면접 준비의 핵심을 잘 보여 준다. 대부분의 지원자들은 자기소개서를 서류 전형만을 위한 문서로 생각하는 경우가 많다. 실제로 자기소개서를 쓸 때, "일단 1차 서류만 통과하자"라는 심정으로 마감 기한에 맞춰 작성하고 제출하는 경우가 많다. 그러나 자기소개서야말로 면접 준비의 출발점이며, 면접 질문의 80~90% 이상이

이 한 장의 문서에서 출발한다는 사실은 면접을 경험해 본 지원자들만이 체감하게 되는 부분이다.

면접이라는 것은 면접관의 질문에 수동적으로 대답하는 자리가 아니다. 오히려, 지원자가 얼마나 자신이 준비한 내용을 주도적으로 끌어내고 전달하는지가 중요한 자리이다. 즉, "면접에서 어떤 질문을 받을까?"를 고민하는 것이 아니라, "내가 이 면접에서 어떤 이야기를 반드시 하고 나올 것인가"를 설정하고, 면접관이 그 이야기를 꺼낼 수 있도록 유도하는 것이 핵심 전략이다. 질문이 아닌 답변 중심의 면접 준비가 중요하다는 것이다.

이런 면에서 자기소개서는 '단순한 글쓰기'가 아니라 '면접 질문지를 설계하는 문서'라고 볼 수 있다.

예를 들어,
자기소개서에 군 복무 기간 동안 리더십을 발휘한 경험을 적었다면 → "군 생활에서 가장 어려웠던 점은 무엇이었나요?"
특정 전공 과목의 학점이 낮은 이유를 적지 않았더라도 성적표에 표시되었다면 → "그 과목이 어려웠던 이유는 무엇이었고, 어떻게 보완하려고 했나요?"
동아리 활동에서 팀 프로젝트를 이끌었다는 내용을 썼다면 → "리더로서 겪은 갈등 상황은 무엇이었고, 어떻게 해결했나요?"

이처럼 자기소개서에 쓰인 내용은 단순히 읽고 지나치는 정보가 아니라, 면접관의 질문 유도 장치로 활용된다.

  따라서, 자소서를 작성할 때는 반드시 다음과 같은 두 가지 관점을 가져야 한다.
  '면접 질문'으로 환원할 수 있는 문장인가?
  그 질문을 받았을 때, 나는 무엇을 말하고 싶은가?

  이 과정이 바로 '자기소개서 기반 면접 준비'의 핵심이다. 그리고 이 과정을 스스로 해보는지 여부가 면접 성공의 분기점이 된다.

  '질문을 예상한다'는 것은 단순히 면접에 익숙해지기 위함이 아니다. 그것은 곧 '답변의 중심을 정리하는 과정'이고, 내가 누구인지, 왜 이 회사에 지원했는지를 재정립하는 과정이기도 하다. 따라서 면접 준비는 '암기'가 아니라 '정리'이고, '반복'이 아니라 '메시지 전달 전략'이라고 말할 수 있다.

  현상이의 경우처럼, 자기소개서를 작성할 때부터 면접을 고려한 작성 전략을 세운다면, 그 자소서는 면접에서도 유효한 도구가 된다. 그리고 자소서를 기반으로 예상 질문을 직접 뽑고 답변을 준비하는 훈련을 거친다면, 면접장에서의 긴장감은 자연스럽게 줄어들고, 자신만의 언어로 표현하는 자신감이 쌓이게 된다.

  마지막으로, 자기소개서 기반 면접 준비의 정석은 다음과 같은 3단계로 정리할 수 있다.

1. 예상 질문 도출: 자기소개서에 기재된 키워드나 문장을 중심으로 질문을 추출한다. (경험, 숫자, 특이사항 등)
2. 핵심 메시지 정리: 질문마다 꼭 전달하고 싶은 핵심 문장(1~2줄)을 먼저 정리한다.
3. 표현 다양화 연습: 동일한 메시지를 다양한 문장으로 표현해 보며 유사 질문에도 유연하게 대응할 수 있도록 준비한다.

이러한 연습은 단지 면접을 통과하기 위한 준비가 아니라, 자기 자신을 논리적이고 설득력 있게 소개하는 연습이며, 사회인이 되는 첫 출발을 다듬는 과정이기도 하다.

현상이의 사례처럼, 자소서와 면접은 절대 분리된 것이 아니다. 오히려 하나의 흐름 속에서 전략적으로 설계되고 연결되어야 한다. 면접을 앞둔 모든 이들에게 상현이의 준비 과정이 좋은 롤 모델이 되기를 바란다.

📌 '미소'의 자소서에는 '미소'만이 있었다

　이름처럼 환한 미소를 가진 '미소'와의 첫 만남은 한 지자체의 취업 멘토링 프로그램을 통해서였다. 이 프로그램은 청년 취업이 어려워지는 현실 속에서 실무 경험을 갖춘 전문가와 현직자들이 재능 기부 형식으로 멘토링을 제공하는 취지에서 운영되고 있었다. 그런데 미소는 다른 참여자들과 달리 대학생이 아닌 고등학교 3학년, 그것도 지방 거주 특성화고 학생이었다. 서울에 사는 친척을 통해 해당 프로그램의 존재를 알게 되었고, 필자의 정보를 전해 듣고 직접 연락을 취해온 것이다.

　첫 만남은 주말에 서울의 한 스터디카페에서 이루어졌다. 미소는 지방에서 올라와 친지 집에서 하루 묵고 있다는 말과 함께 자기소개서를 출력해 가져왔다. 보통 자기소개서를 처음 접할 때는 부족한 구성이 먼저 눈에 들어오기 마련인데, 미소의 자기소개서는 달랐다. 읽는 내내 얼굴에 자연스레 미소가 번질 정도로, 진심이 고스란히 전해지는 글이었다.

　그 자기소개서에는 단순한 '경험'이 아닌, 삶 전체가 담겨 있었다. 어린 시절 부모님과 떨어져 할머니 손에 자라온 이야기, 어려운 환경에서도 좌절하지 않고 특성화고에 진학한 이유, 그리고 진학 이후 자신의 진로를 찾기까지의 노력과 여정이 진정성 있게 서술되어 있었다. 단순히 "열심히 살았다"라는 말을 넘어, 실제로 어떤 활동을 했고, 어떤 성과를 냈는지 구체적인 기록들이 차곡차곡 쌓여 있었다. 특히 교내외 활동을 통해 경진대회에서 수상한 이력은 물론, 이를 기반으로 특허 등록까지 이뤄낸 점은 지원서의 강력한 차별화 요소였다.

무엇보다 인상 깊었던 점은, 자기소개서 전체가 오직 미소만이 쓸 수 있는 내용으로 채워져 있었다는 것이다. 누구나 쓸 수 있는 평범한 문구 대신, 미소의 삶과 생각, 행동이 그대로 녹아 있었다. 이런 자기소개서는 면접관 입장에서 '이 지원자에 대해 더 알고 싶다'는 호기심을 자극할 수밖에 없다. 일반적이고 상투적인 자기소개서는 결국 비슷한 질문을 유도하지만, 미소처럼 독창적인 자기소개서는 면접의 방향마저 다르게 만든다.

자기소개서를 잘 쓴다는 것은 단순히 문장을 잘 쓰는 것을 의미하지 않는다. 자기소개서는 곧 '자신만의 이야기'를 구조화된 글로 설득력 있게 전달하는 기술이며, '나는 이런 사람이고, 이 경험을 통해 이런 능력을 길렀으며, 그래서 이 직무에 적합하다'는 논리적 설득 구조를 갖추는 것이 핵심이다.

이 과정에서 특히 중요한 요소는 다음과 같다.
- 경험의 구체성: 단순히 "열심히 했다"가 아니라 "어떤 문제 상황에서 어떤 행동을 했고, 어떤 결과를 이끌어 냈는지"를 숫자, 역할, 시간 등 구체적인 정보로 풀어내야 한다.
- 배운 점과 변화: 그 경험을 통해 어떤 교훈이나 깨달음을 얻었는지, 그리고 그 경험이 현재의 나에게 어떤 영향을 주었는지를 반영해야 한다.
- 직무와의 연관성: 자신이 겪은 경험이 어떻게 지원하는 직무와 연

결되는지를 명확히 해야 한다. '그래서 이 회사에 왜 적합한가'를 설명할 수 있어야 자기소개서가 빛을 발한다.

미소의 자기소개서에는 이 모든 요소가 자연스럽게 담겨 있었다. 단순히 이력서에 적힌 항목들을 보완하기 위한 글이 아니라, 미소라는 한 사람을 온전히 보여주는 진정성 있는 문서였다. 그리고 그 결과는 놀라울 만큼 빠르게 나타났다. 며칠 후, 미소는 서류 전형 합격 소식을 전해왔고, 우리는 곧이어 면접 대비 멘토링을 추가로 진행했다. 역시나 미소는 자신의 이야기를 표현력 있게 전달하는 훈련을 통해 면접에서도 강점을 발휘했고, 최종 합격 소식까지 전해주었다.

현재 미소는 국내 대기업의 반도체 DS 부문 제조 라인에서 근무 중이며, 첫 사회생활의 걸음을 자신감 있게 내딛고 있다.

이 사례는 우리에게 중요한 교훈을 준다. 자기소개서는 단지 '지원서' 그 이상의 의미다. 그것은 나의 과거와 현재를 정리하고, 미래의 나를 설계하는 서사이며, 기업과의 첫 만남에서 나를 가장 설득력 있게 소개할 수 있는 브랜딩 도구다. 그리고 그 서사의 핵심은 진정성과 구체성이다.

누군가의 이야기를 듣고 감동받는 건, 그 이야기가 특별해서가 아니라, 그 사람만이 겪은 유일한 경험이기 때문이다. 자기소개서도 마찬가지다. 그 안에 진짜 '나'의 이야기가 담겨 있을 때, 면접관의 시선은 자연스럽게 머무르게 된다.

미소처럼 진정성을 담은 자기소개서는, 결국 자신의 이름처럼 사람의 마음에 미소를 남긴다. 그리고 그것이, 좋은 자기소개서가 가져야 할 가장 강력한 힘이다.

🔖 '나인'의 하이브리드형 자소서

금융과 무관한 전공을 가진 학생에게 진로 컨설팅을 해준 많은 기억 중, 식품위생학을 전공한 '나인'은 특히 인상 깊은 학생이었다. 나인이는 베이커리 및 식품 관련 기업, 특히 F&B(Food & Beverage) 산업군의 중견기업에서의 커리어를 막연히 생각해 오던 학생이었다. 몇 개의 관련 자격증을 준비하고 있었고, 실무 역량 강화를 위해 자기 나름대로 노력 중이었지만, 진로에 대해 명확한 확신을 갖지는 못한 상태였다. 나인이는 아버지의 권유로 나와 연결되었고, 진로를 함께 고민하는 시간을 가지게 되었다.

첫 만남에서 나인이 들려준 이력 중 가장 눈에 띄는 점은, 식품위생학이라는 전공 외에 '통계학'을 부전공으로 선택했다는 것이었다. 단순한 호기심이 아닌, 숫자에 대한 흥미와 논리적 분석에 대한 관심이 자연스럽게 이어진 선택이었다고 한다. 나는 이 점을 강하게 칭찬하며, 바로 그 지점이 나인이 다른 식품위생학 전공자들과 차별화될 수 있는 핵심 경쟁력이라고 강조했다.

나인이는 처음에는 반신반의했다. 자신은 식품위생 전문가로서의 정체성을 중심으로 경력을 준비하고 있었고, 통계학은 그저 부가적인 학문적 관심에 불과하다고 생각했기 때문이다. 하지만 나는 한 가지 미래 청사진을 던져주었다.

"소비자 행동과 데이터를 읽을 줄 아는 식품위생 전문가, '데이터 기반 식품안전 기획자'가 되어보라."

이러한 제안은 대학생에게 다소 낯설고 추상적으로 느껴졌을 수 있다. 하지만 현실에서 기업들이 요구하는 인재상은 점점 더 '단일 기능에 국한되지 않고, 융합형 역량을 갖춘 인재'로 진화하고 있다. 특히, 소비자 트렌드 분석, 제품의 시장 반응 측정, 품질관리(QC)와 유통·위생 모니터링 등을 통합적으로 운영하는 현장에서는 통계학과 같은 정량적 분석 능력은 곧 경쟁력으로 작용할 수밖에 없다.

그때 내가 강조한 개념은 바로 '하이브리드형 인재'라는 키워드였다. 전통적으로 식품위생학 전공자는 제조 및 생산 중심의 역할에 머무는 경우가 많았다. 그러나 나인처럼 통계적 감각을 갖춘 인재는 단순한 현장 위생 관리자를 넘어, 소비자 피드백을 분석하고, 제품 품질에 영향을 미치는 주요 변수들을 데이터로 도출하여 개선안을 제시하는 기획형 전문가로 성장할 수 있다. 특히, 바코드 기반 POS 시스템, 키오스크 주문 데이터, 이커머스 리뷰 등은 모두 고객의 '소리'가 숫자로 남아있는 자원이며, 이를 읽을 수 있는 사람이 향후 식품산업에서 경쟁력을 갖게 된다.

나는 나인이에게 다음과 같은 실질적인 조언을 했다.

- 식품위생 관련 자격증: 위생사, 식품기사 등 기본적인 전문성 확보
- 통계분야 자격증: SAS, R, SPSS 활용 능력 혹은 데이터 분석 관련 민간 자격증 취득

- 자기소개서 전략: 두 전공을 연결 짓는 서사 구성 → "고객의 안전을 위한 식품위생, 그 안전의 기준을 데이터로 설계합니다"라는 메시지를 중심축으로

나인이 실제로 자기소개서를 작성할 때, 두 전공의 '병렬적 나열'이 아닌, '목적 중심의 연결성'으로 스토리텔링을 구성하도록 도왔다. 예컨대, "소비자 안전을 확보하기 위해 단순 위생관리보다 데이터 기반의 근거 있는 의사결정이 필요하다는 점을 현장 실습 중 절감하였고, 이를 위해 통계학을 부전공하였다"라는 식으로 행동 → 동기 → 확장 학습 → 적용 가능성의 구조를 갖추도록 했다.

그 결과, 나인이는 하이브리드 인재로서의 콘셉트가 강한 인상을 남기며 한 식품회사에 입사하게 되었다. 입사 초기에는 일반적인 품질관리 분야에서 근무했지만, 입사 당시 면접에서도 "향후 고객 데이터나 생산품에 대한 품질변수 분석 분야로 확장해 보고 싶다"라는 포부를 밝히며 면접관에게 좋은 인상을 남겼다고 한다.

현재 나인이는 입사 2년 차로, 아직은 통계학 기반 직무로의 이동은 실현되지 않았지만, 자신이 가진 복합 역량을 내부 프로젝트나 제안서 등을 통해 지속적으로 어필하고 있다. 그는 언젠가 반드시 그 영역에서 실력을 발휘할 수 있을 것이라 확신하고 있었다.

나인이는 "단일 전공에 갇히지 말고, 나만의 융합 스토리를 만들어야 한다"라는 것이다. 빠르게 변화하는 산업 구조 속에서 기능의 경계를

넘나들 수 있는 사람, 즉 하이브리드 제너럴리스트는 어떤 산업에서든 기회를 얻을 수 있다.

면접 과정에서도 활용할 수 있을 것이다. 이미 면접장에 들어선 순간, 기본적인 전공 적합성은 검증된 상태다. 그다음으로 중요한 것은 "이 지원자가 기존 역할 이상의 가치를 조직에 줄 수 있는가?"라는 평가 기준이다. 바로 이 지점에서 '+α'를 보여줄 수 있어야 경쟁자보다 돋보인다.

나인이의 이야기는, 단순한 전공의 한계를 넘어서 자신만의 조합과 의미를 찾아가는 과정이었다. 그리고 그 과정은 누구에게나 가능하다. 중요한 건, 내가 가진 것을 나만의 방식으로 연결 지으려는 의지와 기획력이다. 지금 어떤 전공을 하고 있는지는 중요하지 않다. 그것을 어떻게 해석하고, 무엇과 연결하여 어떤 가치를 만들어 낼 수 있는지, 그것이 진짜 취업 경쟁력이다.

🔍 '한성' 군의 자기소개서에는 사공이 많아서 결론이 없었다

자기소개서를 하나의 '작은 책자'라고 표현한 적이 있다면, 그 책자의 주인공은 누구여야 할까? 당연히 자기소개서를 쓰는 지원자 자신이다. 자기소개서는 기업에 자신을 소개하고 입사의 타당성과 가치를 설득하는 서류이다. 따라서 그 안에서 중심에 있어야 하는 인물은 지원자가 직접 겪은 경험과 그로 인해 성장한 본인의 이야기여야 한다.

'한성' 군과의 만남은, 나에게 멘토링을 받았던 또 다른 학생의 소개로 이뤄졌다. 그는 이미 여러 차례의 서류 전형에서 불합격을 경험한 뒤 다소 의기소침한 표정으로 나를 찾아왔다. 하지만 소통의 문턱은 높지 않았다. 나 역시 다양한 사례를 공유하며 분위기를 풀어갔고, 한성 군도 곧 자신이 작성한 여러 자기소개서를 보여주기 시작했다.

자소서를 차례로 읽어보는 동안 하나의 공통된 패턴이 보였다. 질문 항목은 성장배경, 어려움 극복 경험, 성취 경험, 갈등 조율 등 전형적인 인성 기반 질문들이었지만, 답변의 초점은 늘 '경험' 자체에 있었다. 구체적으로 말하면, 한성 군이 속한 동아리나 프로젝트, 참여했던 활동 그 자체에만 집중되어 있었고, 정작 한성 군 본인의 역할이나 느낀 점, 그리고 이를 통해 얻은 교훈은 흐릿하게 표현되어 있었다.

문제는 바로 여기 있었다. 자기소개서의 질문은 '당신이 무엇을 했는가'이고, 평가자가 알고 싶은 것도 '당신은 어떤 사람인가'이다. 그런데 많은 학생들은 '내가 했던 활동'에 초점을 맞추며 자기 자신이 주인공이라는 사실을 잊는다. 사례는 지원자의 캐릭터를 드러내기 위한 배경 무대일 뿐, 무대 위의 주연 배우는 지원자 본인이다.

한성 군이 처음에는 이 차이를 쉽게 이해하지 못하자, 나는 그가 언급했던 '골목상권 살리기 프로젝트' 사례를 중심으로 면담을 이어갔다. 그는 해당 프로젝트에서 소규모 상점 12곳을 대상으로 일관된 간판 디자인 및 매장 브랜딩을 컨설팅했고, 초기에는 상점주들의 회의적인 반응을 설득하며 실제 가시적인 변화를 이끌어냈다고 했다. 이 활동 자체만으로도 매력적인 스토리였지만, 정작 자기소개서에서는 자신의 역할, 문제 해결 방식, 느낀 점이 간략히 스쳐 지나가듯 서술되어 있었다.

나는 한성 군에게 물었다.
"그때 어떤 방식으로 상점주들을 설득했나요?"
"그 과정에서 어떤 감정이 들었고, 무엇을 배웠나요?"
"만약 다시 같은 프로젝트를 하게 된다면 무엇을 다르게 할 것 같나요?"
이 질문들에 대한 구체적인 답변을 통해 한성 군은 비로소 자신이 그 활동의 중심인물이어야 함을 인식하게 되었고, 그 과정에서 얻은 학습과 성장이 자기소개서의 핵심이 되어야 한다는 사실을 깨달았다.

나는 그에게 자기소개서를 쓸 때 두괄식 구조를 적용해 보라고 조언했다. 두괄식이란 중요한 메시지를 서두에 제시하고, 그에 대한 근거나 사례를 뒤따라 설명하는 방식이다. 이 방식은 자기소개서의 가독성과 설득력을 크게 높인다. 바쁜 인사담당자나 실무 면접관이 수십, 수백 장의 자소서를 읽는 상황에서는 첫 문장에서 명확한 메시지를 전달하는 것이 그 무엇보다 중요하다.

예를 들어, "저는 소비자의 시각에서 문제를 해결하는 마케팅 관점을 가진 현장형 기획자입니다"라는 문장으로 시작한 후, 구체적인 활동 사례를 통해 이를 입증하는 방식이다. 이렇게 하면 한 줄의 선언이 자기소개서 전체를 하나의 일관된 내러티브로 묶어주는 축이 된다.

그 이후 한성 군은 자기소개서를 수정했고, 자신의 '주인공 됨'을 되찾았다. 불과 몇 주 후, 그는 자신이 원하던 기업으로부터 서류 전형 합격 소식을 받았고, 면접도 통과하여 최종 합격했다. 그는 합격 통보를 받은 날 이렇게 문자로 내게 연락을 주었다.

"선생님, 저 합격했습니다. 이상, 두괄식 표현입니다."

그 문자를 보며 웃음이 났고, 동시에 깊은 뿌듯함이 밀려왔다. 분명 한성 군은 이후에도 모든 문서와 발표, 이메일, 보고서에서 두괄식으로 자신의 중심 메시지를 확실히 전달할 줄 아는 사람으로 성장했을 것이다.

결국 자기소개서는 단순히 어떤 활동을 했는가를 나열하는 글이 아니다. 그것은 어떤 생각과 태도를 가진 사람인가, 그리고 그 사람이 앞으로 어떤 방식으로 조직에 기여할 수 있는가를 보여주는 인격의 요약서이다. 그 글 안에서 주인공은 반드시 지원자 본인이어야 하며, 사례는 그 지원자가 얼마나 주도적으로, 성실하게, 의미 있게 행동했는지를 증명하기 위한 배경이어야 한다.

이 글을 읽고 있는 당신도 이제부터 자기소개서를 '작은 책'이라 생각해 보자. 그리고 그 책의 제목은 '나의 성장 이야기', 저자는 바로 당신이고, 독자는 인사 담당자다.

그렇다면 서사의 중심에 당신이 없다는 건… 말이 안 되지 않겠는가?

🖋 '영선'의 자소서에는 전문가의 글만이 있었다

영선이를 처음 만난 건 지자체에서 운영한 취업 멘토링 프로그램을 통해서였다. 이 프로그램은 청년 취업의 어려움을 덜어주기 위해 현직자들이 재능 기부 형태로 참여하는 형태였고, 다양한 전공과 진로를 가진 학생들과의 만남이 이루어지는 자리였다. 영선이도 그중 한 명이었고, 공공기관 취업을 목표로 자기소개서를 준비하고 있었다.

영선이가 가져온 자기소개서에서 특히 눈에 띄는 부분은 마지막 문항이었다. 해당 문항은 지원하고자 하는 공공기관과 관련된 제도적 문제를 분석하고, 이에 대한 개인의 견해와 대안을 제시하라는 매우 높은 수준의 질문이었다. 대학생 지원자에게는 다소 부담스러울 수 있는 내용이었고, 필자가 봐도 현실적인 난이도가 꽤 높은 문항이었다.

그런데 더 놀라웠던 것은 영선이가 작성한 답변이었다. 문장의 구성이나 전문 용어의 사용, 제도에 대한 설명 등이 지나치게 고차원적이어서 단번에 의심이 들었다. "혹시 이 부분, 어디서 참고한 거야?"라는 질문에 영선이는 머쓱한 표정으로 "ChatGPT에게 물어봤어요"라고 대답했다. 그리고는 덧붙였다. "내용은 이해 못 한 부분도 많았는데 일단 써봤어요."

여기서 중요한 교훈 하나가 생긴다. 지금 세대의 지원자들은 기술을 활용한 정보 접근 능력이 뛰어나며, 모르는 내용을 포기하지 않고 다양한 수단으로 해결하려는 자세를 가지고 있다. 이는 절대적으로 긍정적인 태도다. 하지만 그 정보가 자신의 언어와 사고로 완전히 소화되지 않았을 때, 오히려 독이 되기도 한다.

자기소개서에서 특정 제도나 전문 영역에 대한 질문을 받았을 때, 단순히 "정보 수집 → 붙여넣기"의 단계를 거치는 것은 매우 위험하다. 지원자 자신의 생각과 해석이 없는 정보는 오히려 진정성을 떨어뜨리는 요소로 작용할 수 있기 때문이다.

그렇다면 어떻게 해야 할까?

첫째, 정보의 수용과 동시에 비판적 사고를 병행해야 한다. ChatGPT나 검색엔진, 유튜브, 정책보고서 등은 훌륭한 정보원이지만, 그 내용을 받아들이는 데 그치지 말고 왜 이런 제도가 생겼는지, 어떤 문제점이 있는지, 나만의 대안은 무엇인지 고민해 봐야 한다. 여기서 중요한 건 정답이 아니다. 본인의 문제의식과 논리적인 접근 방식이 평가의 핵심이다.

둘째, 질문이 어려울수록 차별화할 수 있는 기회가 된다. 대부분의 지원자들이 막연한 수준의 답변을 할 가능성이 높기에, 이럴 때 오히려 체계적인 이해와 자기만의 관점을 가진 사람은 확실한 차별화를 이룰 수 있다. 그리고 그 차별화는 결국 합격의 키가 된다.

셋째, 학습과 준비의 방향을 넓게 잡아야 한다. 해당 제도나 정책만 공부할 것이 아니라, 관련 산업 동향, 주변 제도와 비교, 국내외 사례, 실제 운영상의 문제점 등을 복합적으로 공부할 필요가 있다. 예를 들어, 공공기관의 예산 효율성 문제에 대한 문항이라면, 단순히 제도 비판이 아니라 "어떤 데이터를 기반으로 진단하고, 유사한 해외 사례는 어떤 결과를 낳았는가?", 그리고 "내가 입사한 뒤 어떤 역할을 할 수 있는가?"까지 연결 짓는 것이 바람직하다.

넷째, 자신의 '배움에 대한 태도'를 드러내는 것도 하나의 전략이다. 특정 분야에 대한 깊은 지식이 부족하다면, 솔직함을 바탕으로 "이 분야에 대해 배우는 과정 중이며, 실제로 어떤 노력들을 하고 있다"라는 식의 표현도 가능하다.

예를 든다면 이렇다.
"이 제도에 대한 이해를 높이기 위해 관련 정책보고서를 정기적으로 읽고 있으며, 산업연구원의 온라인 세미나에 참여하고 있습니다. 아직은 배우는 단계지만, 실무에 투입된다면 빠른 습득력과 기획적 시각으로 팀에 기여할 자신이 있습니다.'
이처럼 단순히 완성된 지식보다는 학습에 대한 태도, 적용 능력, 문제 해결 의지를 강조하는 것도 훌륭한 전략이다.

영선이의 경우, 이후 수정된 자기소개서에는 본인의 의견과 대안이 명확히 담겼다. 과거 제도의 문제점뿐만 아니라, 현장에서의 불편함을 최소화할 수 있는 현실적인 아이디어, 그리고 이를 뒷받침할 수 있는 자신의 전공 역량까지 자연스럽게 연결시켰다. 최종적으로 영선이는 서류 전형에 합격했고, 면접에서도 좋은 평가를 받았다.

결국 자기소개서의 어려운 문항은 피해야 할 질문이 아니라, 스스로를 가장 강하게 드러낼 수 있는 기회다. 완벽한 정답을 요구하는 것이 아니라, 당신이 얼마나 진지하게 이 주제를 바라보고 고민했는지, 그리고 그 문제를 해결할 수 있는 태도와 가능성을 갖고 있는지를 보는 것이다.

자기소개서는 더 이상 단순한 스펙 나열의 공간이 아니다. 당신만의 사고, 시각, 주관, 문제 해결력, 그리고 미래의 가능성을 입증하는 논리적 서사문이다. 어려운 문항일수록 그 안에 당신만의 진심과 분석이 담긴다면, 그것이 당신을 합격으로 이끄는 가장 강력한 무기가 될 것이다.

Part 4.
면접 준비

성일아, 면접 노트로 너의 자신감을 높여라
지속적인 면접 노트 활용

성일이를 처음 만난 것은 대학교 3학년 1학기 무렵이었다. 그 시기는 많은 대학생들에게 '막연한 불안'은 있지만, 취업이나 면접을 직접적으로 체감하지 못하는 시기이기도 하다. 아직은 현실적인 압박감이 없기 때문에, 어떤 조언을 해도 깊은 공감이나 실천으로 바로 이어지지 않는 경우가 많다. 그러나 이 시기는 진로 방향을 설정하고, 그 방향에 맞는 경험과 준비를 차근차근 시작하기에 가장 이상적인 시점이다. 성적 관리야 기본이고, 전공 내에서도 관심 분야를 좁혀나가면서 관련 자격증, 대외 활동, 선배들과의 네트워킹 등을 병행해 가야 한다. 특히, 이 시기부터 실무 현장을 접할 수 있는 인턴 경험이나 직무 체험을 염두에 두고 준비해야 4학년이 되었을 때 진로 결정에 확신을 가질 수 있다.

당시 나는 성일이에게 면접장에서 자신의 모습을 상상해 보라고 조언했다. "면접관이 당신에게 어떤 질문을 던질까? 그리고 그 질문에 자신 있게 대답하려면 지금 무엇을 준비해야 할까?"라는 질문을 던졌다. 이 질문은 단순한 상상이 아니라, 지금 이 순간의 경험과 고민, 선택들이 미래 면접장에서 '말할 수 있는 내용'이 될 수 있음을 상기시키기 위한 것이었다. 성일이도 처음에는 다소 엉뚱하게 느꼈을지 모른다. 아직 취업할 회사도, 정해진 진로도 없는데 예상 질문을 준비하자니 현실감이 없었을 것이다. 하지만 곧 그는 이 과정에 흥미를 느끼기 시작했다.

진로가 정해지지 않았더라도 면접이라는 과정의 절반 이상은 인성과 태도, 문제 해결 방식, 조직 내 소통 능력 등 '사람 됨됨이'를 보는 항목들이다. 실제로 어떤 기업을 가든 인성면접에서 자주 등장하는 질문들, 예를 들어 "당신의 강점과 약점은 무엇인가요?", "조직 내 갈등이 생겼을 때 어떻게 해결하나요?", "가장 힘들었던 경험은 무엇이고, 어떻게 극복했나요?" 등의 질문은 직무와 관계없이 반복적으로 나오는 항목들이다. 이 질문들에 자신의 사례와 생각을 잘 담을 수 있다면, 어떤 면접에서도 자신감 있게 대응할 수 있는 기본기를 갖추는 셈이다.

이 과정에서 나는 성일이에게 '면접 준비 노트'를 만들 것을 권했다. 지금 하고 있는 모든 활동과 그 과정에서 느꼈던 점, 배운 점, 문제를 해결한 방식 등을 짧게라도 기록해 두는 습관을 가지라는 것이었다. 이 기록들은 단지 면접 준비용을 넘어, 나중에 자기소개서를 쓸 때, 혹은 포트폴리오를 정리할 때도 유용하게 쓰일 수 있다. 사실상 면접 20~30분은 그동안 준비해 온 1~2년을 농축해 전달하는 시간이다. 그렇기 때문에 그 긴 시간을 체계적으로 정리해 놓지 않으면, 순간의 기억에만 의존해 깊이 있는 답변을 하기는 어렵다.

성일이는 이 조언을 실천했다. 노트북에는 다양한 질문에 대한 자신의 답변과 활동 사례가 정리되어 있었고, 자기소개서만 해도 20여 개의 버전을 만들 정도로 지속적인 수정과 보완을 해 나갔다. 단순히 자격증 하나 더 따는 식의 수동적인 준비가 아니라, 하나의 경험도 자신의 언어로 의미 있게 해석하고, 그것을 직무와 연결시키는 능력을 키운 것이다.

결과는 매우 긍정적이었다. 성일이는 5개 기업에서 최종 합격 통보를 받았고, 이 중 본인의 성향과 가치관, 업무 스타일에 가장 잘 맞는 회사를 골라 입사해 현재까지 성실히 근무 중이다. 그는 본인의 면접 노트를 가끔 열어보며, 그 당시의 준비 과정을 되새기고 업무에 적용할 수 있는 인사이트도 얻고 있다고 한다.

이처럼, 면접이라는 미래의 상황을 상상하며 오늘의 준비를 시작하는 것, 그리고 그 준비의 흔적을 체계적으로 축적해 나가는 것이 취업 성공의 본질이라고 할 수 있다. 성일이의 사례는 '준비된 사람만이 기회를 잡는다'는 진리를 다시금 상기시켜 주는, 매우 모범적인 케이스였다. 진로가 막막하다고 느껴지는 시기일수록, 오히려 지금 당장 해야 할 구체적인 실천에 집중해야 한다. 그것이 미래를 여는 가장 현실적인 전략이다.

🔍 성용아, 면접 예상 질문지를 만들어 보자 _ 면접 종류
준비 부족이 바로 발각되는 '직무면접'
사람마다 다른 '인성면접'

성용이와의 멘토링을 통해 진행한 주요 활동 중 하나는 바로 '예상 질문지 작성'이었다. 단순히 취업 면접에서 자주 나오는 강점과 약점, 조직 내 갈등 해결, 기억에 남는 경험 등에 대한 답변을 준비하는 수준이 아니라, 성용이가 지금까지 해온 모든 활동을 면접 질문으로 전환해 보는 연습이었다. 예를 들어, 단순한 봉사활동 하나를 하더라도 그 경험을 어떻게 알게 되었는지, 누구의 권유였는지, 어떤 일을 했는지, 기억에 남는 일은 무엇이었는지, 그 경험이 직무에 어떤 연관성이 있을 수 있는지까지 모든 과정과 생각을 질문으로 만들어보는 것이다. 이런 과정은 처음에는 다소 낯설고 번거롭게 느껴질 수 있다. 하지만 이런 사고 훈련이 쌓이면 훗날 어떤 질문이 들어와도 유연하고 논리적으로 답변할 수 있는 '면접 체력'이 생긴다.

이런 예상 질문지 작성을 보다 체계적으로 하기 위해 나는 성용이에게 '직무면접'과 '인성면접'으로 질문을 나눠 정리하자고 제안했다. 실제로 면접에서 두 항목은 명확히 다른 성격과 목적을 갖고 있다.

직무면접은 '준비의 깊이'가 들통나는 영역이다. 직무면접은 그 사람이 해당 직무를 이해하고 있는지, 관련 지식과 경험을 얼마나 갖고 있는지를 집중적으로 평가한다. 지원자가 신입이라고 해서 무경험자로만 보지는 않는다. 직무 관련 지식은 물론이고, 간접 경험이라도 얼마나 풍부하게 쌓아왔는지가 중요하다. 신입 지원자는 실무 경험이 부족할 수밖에 없기 때문에, 학교 수업, 프로젝트, 동아리 활동, 공모전, 대외 활동 등을 통해 얼마나 직무에 대한 관심과 노력을 보여주었는지가 관건이다.

특히 이공계의 경우, 자신의 전공 분야뿐 아니라 전후 공정이나 관련 시스템까지 파악하고 있는 것이 좋다. 예를 들어 반도체 설계를 공부한 학생이라면, 단지 설계 도구만이 아니라 웨이퍼 공정, 테스트, 품질관리 등과의 연관성도 함께 이해하고 있어야 깊이 있는 답변이 가능하다.

문과 계열의 경우에는 더욱 '범용성'과 '응용력'이 중요해진다. 경영학 전공자라고 해서 단지 마케팅만 잘한다고 되는 게 아니다. 회계, 재무, 인사, 총무 등 모든 경영 분야에 기본적인 이해와 경험을 갖추고 있어야 '이 부서든 저 부서든 바로 투입이 가능하겠다'는 인상을 줄 수 있다. 신입사원 채용은 통상적으로 '직무 범용성'을 기준으로 한다는 점을 반드시 기억해야 한다. "나는 마케팅만 잘한다"라는 태도는 위험할 수 있다.

인성면접은 '응용력'이 관건이다.

반면 인성면접은 지원자의 태도, 성향, 가치관을 묻는다. 하지만 이 부문에서 학생들의 답변은 대부분 유사하다. "군대에서 후임을 잘 도왔다", "동아리 활동에서 갈등을 중재했다", "아르바이트에서 책임감을 배웠다"라는 식의, 어디서나 들을 수 있는 답변이 반복된다. 문제는 이 경험이 나쁘다는 것이 아니라, 다들 그런 이야기만 한다는 점이다.

그래서 중요한 것은 '응용력'이다. 비슷한 경험이라도 어떻게 전달하느냐에 따라 깊이가 달라진다. 똑같이 군대 이야기를 하더라도, "후임을 도왔다"에서 그치지 않고, 어떤 과정을 통해 상대를 이해했고, 어떤 갈등을 어떻게 해결했으며, 그 과정에서 자신이 얻은 인사이트가 무엇이었는지까지 서술한다면 전혀 다른 수준의 답변이 될 수 있다.

이런 응용력을 높이기 위해서 본인이 가진 경험들을 사전에 긍정적 측면과 부정적 측면으로 나누어 정리해 두는 것이 좋다. 예를 들어, 자신의 강점이나 열정, 별명, 경쟁력 있는 부분은 긍정적 질문(예: 강점이 무엇인가요?)에 활용하고, 약점이나 단점, 극복 사례 등은 부정적 질문(예: 본인의 단점을 말씀해 주세요)에 대비해서 정리해 두면, 상황에 따라 유연하게 사용할 수 있는 나만의 자료가 된다.

이러한 정리 방식은 단순히 면접을 잘 보기 위한 도구에 그치지 않는다. 실제로 면접이라는 짧은 시간 내에 자신을 설명하려면, 평소 생각과 경험이 체계적으로 정리되어 있어야만 한다. 그래서 나는 성용이에게 '면접 준비 노트'를 구성하되, 활동별 예상 질문 + 직무/인성 분류 + 긍/부정 활용 구분의 틀로 정리하게 했다. 그렇게 정리된 콘텐츠는 단지 면접뿐 아니라 자기소개서, 자소서 기반 PT, 혹은 업무 중 보고서 작성 등 다양한 상황에서도 '생각하는 틀'로 기능할 수 있다.

결국 면접에서 중요한 것은 '경험'이 아니라 '정리된 경험'이다. 아무리 많은 활동을 해도 그것을 자신의 언어로, 직무와 연결지어 표현하지 못하면 그건 경험이 아니다. 오히려 작은 경험 하나라도 구체적이고 논리적으로 전달하면 훨씬 강한 인상을 줄 수 있다.

🎤 정표야, 면접 때 이렇게 말해라! _ 면접 방법

꼬리 질문 준비가 필수인 'PT 면접'
방향성이 절대 필요한 '(집단)토론 면접'
정말 나를 모를까 고민되는 '블라인드 면접'

면접은 취업을 준비하는 누구에게나 마지막 관문이자 가장 큰 두려움의 대상이기도 하다. 단지 '말을 잘 못한다'는 이유로, 혹은 '예상치 못한 질문이 나올까 두렵다'는 이유로 많은 이들이 면접을 앞두고 자신감을 잃는다. 특히 면접의 형태가 다양화되면서, 단순한 1:1 면접을 넘어서 PT 면접, 집단토론 면접, 블라인드 면접까지 준비해야 하는 요즘의 취업 준비생들은 더욱 혼란을 겪는다.

정표를 처음 만났을 때도 그랬다. 정표는 이공 계열을 전공한 대학생으로, 서울 시내 몇 개 대학이 연합한 취업 동아리에서 나를 초청해 주말 특강을 들으러 왔다가, 강의 후 개인적으로 이야기를 나누며 나와 인연이 닿게 되었다. 강의가 끝난 뒤, 그는 정중하게 쿠키 한 상자를 내밀며, "사실 말을 잘하지 못해서 면접이 가장 두렵습니다. 동아리 활동으로 예상 질문은 연습하지만, 준비되지 않은 질문이 나올 때 말이 막혀버립니다"라고 털어놓았다.

그 말을 듣고 나는 그의 면접 준비 노트를 보았다. 질문 목록은 꽤 많았지만, 대부분 정형화된 질문에만 대비되어 있었다. 꼬리 질문에 대한 준비가 전혀 없다는 점이 눈에 띄었다. 나는 그에게 강조했다. 실제 면접에서는 "왜 그렇게 생각했는가?", "다른 방법은 생각해 본 적 없는가?", "만약 예상과 다른 결과가 나왔을 땐 어떻게 대처할 것인가?" 같은 꼬리에 꼬리를 무는 질문이 핵심이 된다고. 특히 PT 면접에서 이러한 꼬리 질문은 더욱 치밀하게 이어지며, 응답자의 논리와 배경지식, 생각의 깊이를 시험한다.

PT 면접은 정해진 시간 안에 주어진 주제에 대해 발표하고, 그에 따른 질문에 답하는 형식이다. 많은 취업 준비생들이 프레젠테이션 자체만 잘하면 된다고 착각하지만, 실제 평가의 핵심은 발표 이후의 질의응답이다. 질문자들은 발표 내용이 얼마나 논리적인지, 그 주장의 근거는 무엇인지, 대안은 있는지 등을 집요하게 파고든다. 그럴 때 준비된 꼬리 질문 리스트가 없으면 대답은 흐릿해지고, 곧 면접관들에게 신뢰를 잃는다.

나는 정표에게 면접 대비 팁으로 하나의 방식을 제시했다. 자신이 PT 과제를 준비할 때는 주제를 먼저 명확히 정의하고, 해결을 위한 접근 방법과 이유를 체계적으로 정리한 뒤, 그 안에 반드시 포함될 수 있는 "왜?" 질문 5개를 사전에 뽑아보는 훈련을 하라고 조언했다. 이처럼 왜를 중심으로 사고를 확장하다 보면, 어떤 돌발 질문에도 당황하지 않고 논리적인 답변을 할 수 있게 된다.

또 하나, 집단토론 면접도 요즘 다시 주목받고 있는 면접 방식이다. 특히 공공기관이나 일부 대기업에서 팀별로 토론을 진행하는 형식은 여전히 자주 활용된다. 과거에는 찬반 토론 형식으로, 지원자가 자신의 의견과 다른 입장을 강제로 맡게 되는 경우도 많았다. 이로 인해 진심이 담기지 않은 주장이나 억지 논리로 채워지는 토론이 빈번했는데, 최근에는 이러한 단점을 보완해 한 주제에 대해 각자의 의견을 자유롭게 개진하는 방식으로 변화하고 있다.

이러한 토론에서는 목소리가 크거나 말을 많이 하는 사람보다, 논리적으로 설득력 있게 자신의 입장을 펼치는 사람이 좋은 평가를 받는다. 특히 주어진 정보가 제한적인 상황에서도 자신의 상식과 평소 지식, 그리고 수집해 온 데이터를 근거로 활용할 수 있는 준비성이 중요하다. 나는 정표에게 면접을 준비하는 기간 동안 경제신문의 헤드라인 스크랩을 통해 뉴스 흐름을 익히도록 도왔다. 매일 카카오톡 오픈채팅방에 아침마다 스캔본을 공유하며, 짧은 시간이라도 신문을 넘겨보고, 자주 등장하는 단어나 사회적 이슈에 익숙해지도록 유도했다.

그렇게 매일 꾸준히 쌓인 신문 스크랩이 결국 그의 사고력과 응용력을 넓혀주었고, 실제 면접에서도 어려운 이슈에 대해 막힘 없이 이야기할 수 있는 근거가 되어주었다. 면접은 결국, 지금까지의 생각과 준비가 집약되는 자리이기 때문이다.

마지막으로 언급하고 싶은 유형은 바로 블라인드 면접이다. 블라인드 전형은 외적인 정보(출신학교, 지역, 나이, 가족 사항 등)를 철저히 배제하고, 오로지 내용과 태도로 평가받는 면접이다. 처음에는 공정성을 위한 제도로 많은 이들에게 환영받았지만, 준비가 부족한 지원자에게는 오히려 더 두려운 면접일 수 있다. 왜냐하면 배경 없이 '자기 이야기만으로' 자신을 설득해야 하기 때문이다.

이럴 때 중요한 것이 바로 자기소개서의 내실과 진정성, 그리고 행동 기반 면접(BEI: Behavioral Event Interview) 방식에 대한 이해다. 즉, 단순히 '무엇을 했다'는 나열이 아니라, '그 경험이 나에게 어떤 의미였는지', '어떤 역량을 갖추게 되었는지'를 논리적으로 설명할 수 있어야 한다. 정표 역시 처음에는 "내가 뭐 대단한 걸 했다고?"라고 말했지만, 하나하나 경험을 정리해 보면서 스스로도 '생각보다 내가 했던 일이 많다'는 걸 깨닫게 되었다.

나는 정표에게 마지막으로 한 가지 조언을 건넸다. "모든 면접의 준비는 질문을 준비하는 것이 아니라, 질문을 받았을 때 당신의 생각이 어떤 구조로 흐를지를 연습하는 것이다." 즉, 정답을 찾으려 하지 말고, 나의 언어로 생각을 풀어낼 수 있는 준비를 해야 한다는 것이다.

그로부터 몇 달 후, 정표는 최종 합격 소식을 전하며 이렇게 말했다. "선생님, 이제는 누가 어떤 질문을 해도 저만의 이야기를 할 수 있어요." 그는 면접을 두려워하던 지원자에서, 자기만의 논리와 생각으로 질문을 주도할 줄 아는 당당한 예비 직장인으로 성장해 있었다.

면접은 결국 지식의 싸움이 아니라, 생각의 훈련이다.
그리고 그 훈련은, 매일의 작은 습관에서 시작된다.

🏹 종열아, 면접 때 언제 제일 떨릴까? _ 면접 유형

<u>적군이 많은 '단독 1대多 면접'</u>
<u>쉬어 갈 수 있는 '多대多 면접'</u>
<u>나의 눈동자를 읽어버리는 'AI 면접'</u>
<u>시선을 둘 바를 모르는 '비대면 면접'</u>

　면접 유형이 다양해지는 오늘날, 지원자들이 마주하는 상황도 천차만별이다. 특히 면접 유형에 따른 심리적 부담과 준비 방식의 차이는 면접 결과에 큰 영향을 미친다. '단독 1대多 면접', '多대多 면접', 'AI 면접', '비대면 면접'은 대표적인 면접 유형이자 많은 취업 준비생들에게는 큰 고민이기도 하다. 그중에서도 유난히 부담감을 크게 느꼈던 사례가 바로 종열이였다.

　종열이는 필자의 직장 선배의 아들로, 지방자치단체 공무원 시험을 준비하고 있었다. 필기시험에는 이미 두 차례 합격했지만, 매번 면접에서 고배를 마신 경우였다. 그를 처음 만났을 때 느껴졌던 인상은 조용하고 성실하다는 것이었다. 선배님의 성격을 그대로 닮은 듯, 종열이는 낯가림이 있고, 많은 사람들 앞에서는 말이 줄어드는 타입이었다. 특히 여러 명의 면접관이 자신을 바라보는 상황이 무척이나 힘들다고 했다.

　이런 유형의 면접, 즉 '1대多 단독 면접'은 특히 많은 대기업과 공공기관에서 흔히 실시되는 면접 형태다. 한 명의 지원자를 앞에 두고 다수의 면접관이 둘러앉아 있는 구조는, 면접자의 시선과 마음을 동시에 압박한다. 임원급 면접일수록 이런 구조는 더욱 고조되며, 지원자는 질문을 던지는 면접관뿐 아니라 질문을 듣고 관찰하는 다른 면접관들의 시선까지 신경 써야 하는 상황에 직면하게 된다.

가장 큰 실수는 질문을 던진 면접관에게만 눈을 마주치며 응답하는 것이다. 이것은 마치 일대일 면접처럼 느껴져 다소 편안할 수 있지만, 함께 앉아 있는 다른 면접관들도 나를 관찰하고 평가한다는 사실을 잊어서는 안 된다. 나는 종열이에게 이렇게 조언했다. "한 명에게 대답을 하되, 그 흐름 속에서 다른 면접관들의 얼굴을 번갈아 바라보며 응답하세요. 대화는 상대방과만 하는 것이지만, 면접은 전체를 대상으로 한 '공식적인 발표의 장'입니다."

또한 이 유형의 면접에서는 한 명의 면접관이 던진 질문에 대해 다른 면접관이 꼬리 질문을 던지는 경우가 많다. 이때 이전 답변에만 매몰되어 있으면, 새로운 시각에서 제기된 질문에 당황할 수 있다. 지원자는 각 면접관과 '개별 대화'를 한다는 생각을 가져야 하며, 면접장 전체를 하나의 무대로 여기고 중심에 서 있다는 인식으로 자신감을 유지해야 한다.

한편, '多대多 면접', 즉 다수의 면접관이 다수의 지원자를 함께 평가하는 면접은 상대적으로 심리적 부담이 덜할 수 있다. 나 혼자 모든 시선을 받는 것이 아니므로, 다른 지원자들이 대답할 때 잠시 호흡을 가다듬거나 내용을 정리할 수 있는 여유가 생기기 때문이다. 하지만 그만큼 집중력과 경청 능력, 순발력, 응용력이 요구된다.

이런 면접에서는 나에게 주어진 시간이 짧을 수 있으므로, 짧은 시간 안에 자신을 효과적으로 드러내는 두괄식 응답 방식이 중요하다. 또한 면접관들이 다른 지원자의 답변을 활용해 "○○ 씨의 의견은 어떻습니까?", "그와 다른 생각이 있으신가요?"라고 질문을 이어갈 수 있기 때문에, 타인의 의견을 잘 듣고 자신의 생각을 정리하는 능력도 필요하다.

이런 질문이 주어졌을 때는, "저는 ○○에 대해 이렇게 생각합니다"라고 명확한 결론을 먼저 말한 뒤, 이유와 배경을 설명하는 방식이 이상적이다. 이는 논리적 구조를 잡아줄 뿐만 아니라, 면접관에게 뚜렷한 인상을 남길 수 있다.

또한 이런 면접에서는 때때로 면접관이 참여를 유도하는 방식의 질문을 던진다. 예를 들어, "누가 먼저 답변해 보실래요?", "마지막으로 정리해 주실 분 있으신가요?" 같은 질문이다. 이런 경우 조용히 있거나 눈을 피하는 지원자보다, 스스로 손을 들어 답변을 시도하는 지원자가 적극성과 자신감을 보여줄 수 있다. 다만, 내용이 준비되지 않은 상태에서 무작정 나서는 것은 오히려 부정적인 인상을 줄 수 있으므로, 평소 반복적인 모의 면접 훈련을 통해 기본적인 응답 전략은 숙달해 두어야 한다.

이 밖에도 오늘날의 면접에서는 AI 면접과 비대면 면접이라는 새로운 유형이 대두되고 있다. AI 면접은 카메라 앞에서 이루어지는 가상 면접으로, 표정, 말투, 시선 처리, 답변 속도 등 비언어적 요소까지 평가에 반영된다. 지원자는 면접 중 자신의 눈동자나 미세한 표정의 변화까지 분석된다는 느낌을 받으며 긴장감을 더욱 크게 느낀다. 따라서 정해진 시간 안에 핵심을 정확하게 말하는 연습과, 카메라 렌즈를 바라보며 자연스럽게 말하는 연습이 필요하다.

비대면 면접은 줌(Zoom), 웹엑스(Webex), MS Teams 등 다양한 플랫폼을 활용하여 이루어진다. 화면 속의 면접관과 마주한 지원자는 종종 어디를 바라봐야 할지 모르는 난감한 상황에 직면하게 된다. 특히 시선이 자꾸 화면 하단의 면접관 얼굴을 향하면, 실제로는 시선이 아래를 향하는 것처럼 보이게 되어 소통에 대한 진정성이 부족하다는 인상을 줄 수도 있다. 따라서 카메라 위치를 눈높이에 맞추고, 응답 시에는 렌즈를 바라보는 습관을 들이는 것이 중요하다.

비대면 면접에서는 말의 명료성과 발음의 정확성, 제스처의 절제도 중요하다. 카메라의 제한된 프레임 안에서는 작은 움직임도 크게 느껴질 수 있으므로, 과한 몸짓은 오히려 방해가 된다. 배경도 정돈된 공간에서 진행해야 하며, 간단한 조명을 활용하면 보다 신뢰감 있는 인상을 줄 수 있다.

면접은 결국 자기 자신을 표현하는 무대다. 그 무대의 형식이 어떻든, 준비되지 않은 자는 긴장과 당황 속에서 자신의 진가를 발휘하지 못한다. 종열이 역시 처음에는 시선 하나조차 떨리는 마음으로 감당했지만, 반복적인 시뮬레이션과 유형별 전략 학습을 통해 자신만의 면접 방식을 확립하게 되었다. 지금은 세 번째 면접 끝에 지방공무원으로 최종 합격하여 공직 생활을 시작했고, 가끔 면접에서의 경험을 후배들에게 이야기해 준다고 한다.

　면접에서 중요한 것은 '말을 잘하는 것'이 아니라 '자신의 생각을 명확히 표현할 수 있는 것'이다. 그리고 그 표현은 유형에 따라 전략이 다를 수 있지만, 기본은 '내가 누구이고, 무엇을 잘하며, 어떻게 기여할 수 있는 사람인지를 명확히 보여 주는 것'이라는 점은 변하지 않는다.

🖋 수지야, 점유율을 높여라

수지는 지방의 한 특성화고등학교를 졸업하고 대기업의 전형에 지원한 고등학교 졸업반 학생이었고, 서울 자치단체의 청년 취업 지원 멘토링 자료를 통해 내 연락처를 알게 되었다고 한다. 문득 내게 연락이 왔고, "금융권이 아닌 대기업을 준비하지만 뭔가 도움을 받을 수 있을 것 같았다"라며 용기 있게 문자를 보냈다. 여러 곳에 연락을 했지만 직접 만나주겠다는 사람은 나밖에 없었다고 했다. 그런 용기와 열정을 외면할 수 없어 흔쾌히 첫 만남을 수락했다. 사실, 이 또한 내가 좋아서 하는 오지랖의 일환이기도 했다.

당시 수지는 서류 전형을 통과하고 면접만을 남겨둔 상황이었다. 자기소개서와 직무에 대한 준비는 어느 정도 되어 있었지만, 인성면접에 대해 어떻게 준비해야 할지 몰라 '취업 면접'이라는 키워드를 검색하다가 우연히 나에게 닿은 것이다. 면접이란 단어만으로도 막연한 두려움을 느끼는 이들에게, 대면 멘토링은 그 자체로 큰 위안이 되곤 한다.

나는 수지에게 물었다.
"어떤 면접이 잘 본 면접이라고 생각하니?"

수지의 대답은 단순하면서도 솔직했다.
"자신 있는 목소리와 태도로, 회사가 원하는 인재상에 맞는 모습을 어필하면 된다고 생각합니다."

틀린 말은 아니었지만, 나는 조금 다른 시각에서 조언을 던졌다.

"면접은 결국 자기 점유율을 얼마나 높였느냐의 *싸움이야.*"

수지는 약간 어리둥절한 표정을 지었다. 나는 조금 더 풀어 설명했다. 많은 지원자들은 예상 질문 리스트를 만들고, 자기소개서를 바탕으로 연습하고, 모의 면접을 통해 훈련을 한다. 그런데 정작 면접장에서 면접관들이 자신이 준비한 질문을 던져주지 않으면? 긴장과 당황 속에서 준비된 내용은 사라지고, 어설픈 대답만 남게 된다.

면접 후 환한 미소를 지으며 나오는 지원자들은 대부분 면접관들이 자신이 준비한 예상 질문 중 많은 부분을 질문해 줘서, 자신 있게 응답하고 나온 사람들이다.

반면, 면접장을 찜찜한 표정으로 나오는 지원자들은 면접관들이 예상 밖의 질문을 던지거나, 준비한 내용과 연결되지 않는 주제에 집중한 탓에 준비한 답변을 거의 꺼내지 못한 경우일 것이다.

그래서 나는 면접을 '준비한 나의 답변이 얼마나 많이 면접장 안에서 쓰였는가', 즉 '점유율'의 관점으로 보라고 말했다. 준비한 질문과 답변을 면접 시간 내에 얼마나 실현시켰느냐, 그것이 면접의 성공 여부를 좌우한다는 뜻이다.

그렇다면 이 점유율을 어떻게 높일 수 있을까?

첫째, 꼭 전달하고 싶은 핵심 메시지를 미리 정리해 두어야 한다. 나는 이를 'TOP 5 답변'이라고 부른다.

이 5개의 메시지는 다음과 같은 기준을 만족해야 한다.

나만의 경험에서 나온 독창적인 사례일 것.
희망 기업과 지원 직무에 밀접하게 연관된 내용일 것.
키워드 중심으로 간결하고 임팩트 있게 구성되었을 것.
이 다섯 개의 주요 메시지는 면접관이 어떤 질문을 하더라도 자연스럽게 끼워 넣을 수 있어야 하며, 꼬리 질문까지 포함해 10개 정도의 응답 시나리오로 확장 가능해야 한다.

둘째, 면접을 실제 상황처럼 시뮬레이션하면서 TOP 5 답변을 반복적으로 연습해야 한다.
예를 들어 "지원 동기를 말씀해 주세요"라는 질문을 받았을 때는 그 안에 내가 왜 이 회사를 선택했고, 이 직무에 어떤 열정을 가지고 있으며, 과거의 어떤 경험이 현재의 진로를 정하게 했는지를 자연스럽게 녹여야 한다. "협업에서 갈등이 있었던 경험을 말씀해 주세요"라는 질문에는, 나의 인성뿐 아니라 문제 해결 능력, 커뮤니케이션 스킬까지 담겨야 한다.
이처럼 하나의 대답이 여러 방향으로 뻗어 나갈 수 있어야 하고, 동시에 내가 전달하고자 하는 키워드를 중심으로 이야기를 회귀시키는 기술이 중요하다.

셋째, 면접 시간을 역산해 보자. 일반적으로 면접 시간은 20~30분. 그중 자기소개와 마지막 포부를 말하는 시간은 각각 1분 정도이다. 실제 Q&A는 약 18분 정도가 주어지며, 평균 10개의 질문이 오갈 수 있다. 이 안에 내가 정리해 둔 TOP 5 메시지를 얼마나 녹여낼 수 있는가, 그게 관건이다.

면접은 어찌 보면 매우 제한된 시간 안에 자신을 홍보하는 짧고 강렬한 프레젠테이션이다. 면접관이 무엇을 묻든 내가 준비한 이야기로 대답할 수 있도록 방향을 끌고 가는 능력, 그것이 진짜 준비된 면접자의 모습이다.

수지는 이 이야기를 듣고 면접 준비의 관점을 완전히 바꾸었다. "어떻게 대답할까"가 아니라, "내가 전달하고 싶은 메시지를 어떻게 끌어낼까"로 바뀐 것이다. 이후 반복적인 연습과 멘토링을 통해 미소는 자신만의 'TOP 5 시나리오'를 완성했고, 면접 당일에도 담담한 표정으로 면접장을 나섰다. 그 표정에는 준비한 만큼, 말하고 나온 만큼의 만족감이 배어 있었다.

그리고 면접 결과 발표일, 수지는 밝은 음성으로 전화를 걸어 이렇게 말했다.
"선생님, 말씀하신 점유율 개념이 정말 맞는 것 같아요. TOP 5 중 4개는 확실히 말씀드렸고, 마지막 하나는 꼬리 질문에서 살짝 언급할 수 있었어요. 면접 끝나고 나올 때, 마음이 정말 편했어요."

면접은 결국 연습한 질문을 맞히는 시험이 아니다. 내가 들고 간 메시지를 얼마나 꺼내 보여 줄 수 있었느냐의 싸움이다. 그리고 그 승부는 면접 전부터 이미 준비되어 있어야 한다.
그 점유율을 높이기 위한 과정은, 단순히 자신 있게 말하는 연습이 아니라 전략적 사고와 정교한 구성, 그리고 반복 훈련이라는 필연적 과정을 통해 이뤄지는 것이다.

📌 상훈아, 교환학생 갈 때 이것은 꼭 정하고 가라

상훈이는 대학교 연합 취업 동아리 코칭 과정에서 만나게 되었다. 서울 지역 5개 대학의 금융권 취업 준비 동아리의 주말 특강에 참여하게 되었고 대학교 3학년이었던 상훈이를 만나게 되었다. 이후 전화나 문자로 가끔 소통하게 되었고, 3학년 2학기에 교환학생을 가게 되었다고 찾아와서 점심을 함께하게 되었다. 점심 식사를 함께하면서 소중한 교환학생 기회를 가지게 되었으니, 추후 소중하게 활용할 수 있도록 좋은 경험을 하고 오라고 조언해 주었다.

교환학생 프로그램은 단순한 유학이나 외유가 아니다. 그것은 앞으로의 취업 경쟁에서 누구도 따라올 수 없는 '나만의 스토리'를 만들어 낼 수 있는 결정적인 기회이며, 다시는 돌아갈 수 없는 무대에서 펼쳐지는 단 한 번의 도전이다. 그렇기에 단순히 외국의 대학에서 수업을 듣고 오는 데 그쳐서는 안 된다. 그 나라, 그 도시, 그 캠퍼스에서의 모든 순간을 깊이 있게 체험하고, 진짜 뿌리를 내리고 오는 것이 중요하다.

물론 교환학생은 처음부터 취업을 목적으로 설계된 프로그램은 아니다. 그러나 지금의 글로벌 시장 환경에서는 그 경험이 취업에서 강력한 경쟁력으로 작용하는 것만은 분명하다. 기업들은 이제 단순히 성실하고 책임감 있는 인재보다, 다양한 환경에서 살아본 경험, 문화 간 소통 능력, 실전 언어 감각, 국제적인 감수성을 가진 인재를 선호하고 있다.

특히 교환학생 경험은 자기소개서와 면접에서 그 진가를 발휘한다.

단순히 "해외에서 공부한 적 있다"라는 사실을 말하는 것과, "그곳에서 무엇을 보고, 어떤 문제에 부딪혀, 어떻게 해결했는지"를 풀어낼 수 있는 사람의 이야기는 무게감이 다르다. 그 경험이 나를 어떻게 성장시켰는지 설명할 수 있어야 비로소 진정한 경쟁력이 된다.

가장 먼저 떠오르는 것은 국제 네트워크의 자산화다. 교환학생 시절 만나게 되는 다양한 국적의 친구들과의 교류는 단순한 인맥을 넘어선다. 훗날 글로벌 기업에서의 프로젝트, 외국 바이어와의 협상, 문화 간 조율이 필요한 업무에서 이 경험은 빛을 발한다. '외국 친구들과 잘 지낸다'는 것이 아니라, 실제로 어떤 갈등을 어떻게 해결했는지를 설명할 수 있어야 한다.

두 번째는 실전 언어 능력이다. 교환학생은 토익이나 텝스 점수를 높이는 것이 목적이 아니다. 수업 시간에 발표를 하고, 프로젝트를 팀으로 완수하고, 일상에서 친구들과의 소통을 통해 진짜 살아 있는 언어를 익히는 시간이다. 언어 점수보다 더 중요한 것은 '언어로 살아본 경험'이다. 이는 실제 업무 상황에서의 즉각적인 대응력, 유연한 커뮤니케이션 능력으로 이어진다.

세 번째는 다문화 감수성과 적응력이다. 익숙한 기준이 통하지 않는 환경, 서로 다른 가치관이 충돌하는 상황 속에서, 나의 관점을 고수하면서도 타인의 관점을 이해하려는 태도를 배운다. 이런 감수성은 글로벌 조직에서는 핵심 역량이다. 문화적 다양성을 이해하는 인재는 팀워크와 문제 해결에서 확연히 다른 역량을 보인다.

네 번째는 자기주도성과 독립성이다. 교환학생은 온전히 혼자의 힘으로 살아야 하는 시간이다. 수업 등록, 생활비 관리, 아프면 병원 가는 법까지 스스로 해결해야 한다. 누구도 대신해 주지 않는다. 이러한 경험은 조직 안에서 '시켜야 움직이는 사람'이 아닌, 스스로 움직이고 판단하는 인재로 성장하게 만든다.

하지만 이 모든 것이 단순히 '교환학생 다녀왔습니다'라는 말로 끝난다면, 아무 소용이 없다. 무엇을 했고, 어떻게 느꼈으며, 그 경험이 지금의 나에게 어떤 의미가 되었는지를 말할 수 있어야 한다.

예를 들어 "○○대학교에서 교환학생으로 공부했습니다"보다, "○○국의 빈민 지역을 조사하는 프로젝트에 참여해 현지 공무원과 협업하며 행정 시스템을 경험했습니다", "기숙사에서 5개국 친구들과 함께 다문화 페스티벌을 기획하며 문화적 갈등을 조율하고 협업을 주도했습니다", "현지 스타트업에서 마케팅 인턴을 하며 소비자 인사이트 분석 보고서를 영어로 작성해 발표했습니다"라는 식의 구체적이고 입체적인 스토리를 들려줄 수 있다면, 교환학생 경험은 단순한 '학습'의 범주를 넘어 진짜 살아 있는 경쟁력이 된다.

그래서 나는 교환학생을 준비하는 모든 학생들에게 이렇게 말한다.
"다시는 돌아갈 수 없는 그곳에서, 평생 두고두고 꺼내 쓸 수 있는 당신만의 이야기를 꼭 하나는 만들어 오라."
그리고 그 이야기는 언젠가 자기소개서에서 빛을 발하고, 면접장에서 면접관의 눈길을 붙잡고, 입사 후에도 스스로를 믿게 만드는 든든한 자산이 되어줄 것이다.

🐾 지원아, 면접은 자신감을 말로 표현하는 것이란다

지원이는 과거 본사 팀장 시절, 거래업체 담당자였던 분의 외동딸이었다. 당시 나는 본사 팀장으로서 많은 협력 업체들과 소통해야 했고, 자칫 오해를 불러올 수 있는 대외 관계에서도 원칙을 지키며 정직하게 일하려고 노력했다. 특히 업체별 실무자들과의 신뢰 관계를 중시했고, 이는 감사나 외부 평가 과정에서도 흔들림 없이 업무를 수행할 수 있었던 큰 기반이 되어주었다.

그 협력업체의 담당자와도 1년에 몇 번 안부를 주고받는 정도였는데, 어느 날 그의 대학생 자녀에 대한 고민을 들었다. 진로에 대한 막연한 걱정, 외동딸을 향한 아버지의 조심스러운 마음이 느껴졌다. 나는 나의 경험이 조금이라도 도움이 된다면 도와주고 싶다고 했고, 그 약속은 1년 후 현실이 되었다. 졸업을 앞둔 딸이 진로에 대해 상담을 원한다며 연락이 온 것이다.

첫 만남에서 마주한 지원이는 전형적인 4학년 여대생이었다. 미디어 홍보를 전공하면서 블로그, 유튜브 등 다양한 대외 활동을 활발히 해왔고, 포트폴리오 또한 꽤 인상적이었다. 복수전공으로 경영학을 함께 공부한 이력까지 더해져 넓은 시야와 잠재력을 가진 학생이었다. 나는 특정 기업보다는 홍보와 마케팅이라는 진로 분야에 더 집중해 보는 게 좋겠다는 의견을 전했다. 그녀의 경험과 역량이 특정 업종에 국한되기보다는 넓은 분야에서 통합적으로 활용될 수 있다고 판단했기 때문이다.

그 후, 자기소개서 초안을 함께 검토하면서 기본적인 작성 방향과 함께, 어떤 기업에서든 활용할 수 있는 '자기만의 강점'을 중심으로 서술하는 방법에 대해 코칭해 주었다. 이후 카카오톡에서 취업을 준비하는 학생들과 함께 운영하는 '일일 신문 스크랩 방'에도 초대해 소통을 이어갔다.

다시 연락이 온 것은 그해 10월. 어느 대기업의 최종 면접을 앞두고 있다는 반가운 소식이었다. 면접을 앞둔 며칠 동안 집중적으로 준비하고 싶다며 다시 만남을 요청해 왔고, 우리는 스터디카페에서 다시 마주 앉았다. 그녀가 가져온 자기소개서와 예상 질문 목록을 함께 점검해 보니, 준비는 충분했다. 다만, 실제 면접처럼 대답을 시작했을 때 다소 조용하고 단조로운 말투가 느껴졌다.

그래서 나는 잠시 면접 연습을 멈추고, 화제를 돌려 그녀의 친구 이야기와 평소 취미에 대해 가볍게 물었다. 그러자 전혀 다른 모습이 나타났다. 생기 있는 표정, 자연스러운 리액션, 손동작과 함께 활기찬 목소리가 나왔다.

나는 웃으며 말했다.
"면접도 방금처럼 이야기해 보는 건 어떨까? 면접관들도 결국 사람이고, 너의 자연스러움을 보고 싶어 할 거야."

그녀는 그제야 본인이 면접에서는 너무 긴장해 자신의 평소 모습이 나오지 않았다는 것을 인지했다. 이후 우리는 목소리 톤 조절, 시선 처리, 손동작 등 비언어적 커뮤니케이션을 집중적으로 점검하며 모의 면접을 진행했다.

나는 그녀에게 설명했다. 면접은 정보 전달이 아니라 대화다. 아무리 좋은 내용을 준비했더라도, 그것을 얼마나 효과적으로 전달하느냐에 따라 평가가 갈릴 수밖에 없다.

예를 들어 손동작 하나에도 전달력 차이가 생긴다. 강조하고 싶은 말에는 검지손가락이나 엄지손가락을 활용해 명확하게 표현하고, 의지를 보여주고 싶을 때는 주먹을 가볍게 쥐는 동작도 효과적이다. 또한 이야기 중에서 '두 가지', '세 가지' 등을 설명할 때는 양손을 번갈아 가슴 높이로 올려 시각적으로 표현하면 내용이 더 강하게 각인된다. 물론, 이러한 표현도 연습이 필요하다.

시선 처리도 중요하다. 1대1 면접이라면 면접관과의 아이 컨택이 자연스럽게 이어질 수 있지만, 다대다 면접에서는 어떻게 시선을 분산할지 고민해야 한다. 질문이 짧고 단답형일 경우 질문자에게 집중하고, 설명이 필요한 경우에는 다른 면접관들에게도 골고루 시선을 분산시키며 이야기해야 한다. 모든 면접관은 각각의 평가 기준으로 답변을 듣기 때문이다.

2시간여의 연습을 마치고 돌아가는 길, 지원이는 진심 어린 피드백을 전해주었다. "선생님, 저는 제 목소리가 면접할 때 이렇게 달라지는 줄 몰랐어요. 이제 남은 시간 동안 정말 열심히 연습해 보겠습니다."

이 경험을 통해 다시금 느꼈다. 면접은 준비된 답변을 외우는 시험이 아니라, 상대와 소통하고 설득하는 과정이다. 아무리 많은 경험과 역량을 쌓았더라도, 그것을 자연스럽고 자신감 있게 전달하지 못하면 그 가치는 빛을 발하지 못한다.

지원이처럼 자신의 진심을 자연스럽게 보여주고, 자신의 이야기를 생생하게 전달할 수 있는 태도를 갖춘다면, 면접은 두려움이 아니라 자신을 증명하는 기회가 된다. 그리고 그 과정은 누군가와 함께 연습하고, 피드백을 나누는 소통 속에서 더 단단해진다.

🎤 동이야, 무슨 음료를 좋아하니?

대학생들의 취업 준비를 돕는 과정에서, 나는 종종 사소하지만 결정적인 '놓침'을 발견하곤 한다. 그것은 바로 너무 당연해서 놓치는 질문, 그리고 직무에만 몰두한 나머지 기업에 대한 이해를 소홀히 하는 것이다. 이 글은 그러한 예를 단적으로 보여주는 '동이'의 이야기다.

동이를 처음 알게 된 건 그녀의 어머니와의 인연에서 시작됐다. 당시 내가 지점장으로 근무하던 시절, 고객 세미나에서 한 테이블에 앉아 대화를 나누게 되었고, 자연스럽게 외동딸의 진로에 대한 이야기가 나왔다. 나는 "혹시 필요하시면 한번 상담해 보셔도 좋습니다" 하고 말했지만, 사실 그 자리에서 이어질 인연이라곤 생각하지 못했다.

그러나 1년쯤 지난 어느 날, 정말 연락이 왔다. 동이는 당시 국내 대표 음료기업의 언론홍보 직무에 지원해 서류와 인적성 전형을 통과하고 최종 면접을 앞두고 있었다. 전공도 언론홍보였고, 실무와 관련된 경험이나 포트폴리오도 잘 준비되어 있었다. 하지만 모의 면접을 준비하며 나눈 질문 중 하나가 의외의 맹점을 드러냈다.

"혹시 우리 회사 음료 제품 중 어떤 걸 가장 좋아하시나요?"

동이는 당황한 얼굴로 대답을 망설였다. 그녀는 그 회사의 대표 제품이 무엇인지도, 경쟁사가 무엇을 생산하는지도 잘 알지 못했다. 이유를 묻자, "저는 홍보 부문에만 지원한 거라서 제품은 크게 신경 쓰지 않았어요"라는 답변이 돌아왔다.

바로 여기서 문제의 본질이 드러났다.

모든 기업은 다양한 직무로 구성되어 있고, 지원자는 각자의 전문성을 바탕으로 희망 직무에 지원한다. 그러나 기업은 단순한 '직무 조합'이 아닌, '하나의 생태계'다. 기업이 어떤 산업군에 속해 있는지, 주요 제품은 무엇인지, 경쟁 환경은 어떤지 등, 이러한 정보는 단순한 배경지식이 아니라 조직의 구성원이 되기 위한 기본 이해도이다.

더욱이 면접이란, 단순히 이력서를 검증하는 자리가 아니다. '당신은 우리 회사에 대해 얼마나 관심을 갖고 있는가', '우리 조직의 일원이 될 준비가 되어 있는가'를 묻는 자리다. 동이는 본인의 직무에는 철저했지만, 정작 가장 기본이 되는 기업 이해도는 놓치고 있었던 것이다.

나는 조언했다.

"지금부터라도 제품 라인업을 다시 파악하고, 직접 음료들을 마셔보면서 체험해 봐. 제품마다 어떤 콘셉트와 타깃이 있는지, 어떤 메시지를 담고 있는지 고민해 보고, 경쟁사의 제품과도 비교해 봐."

그 후, 동이는 제품을 하나하나 경험하며 분석하고, 경쟁사와의 차별 포인트를 정리하며 철저한 비교 자료를 만들었다. 면접에서는 단순히 "이 제품을 좋아합니다"가 아니라, "이 제품은 타깃층의 니즈를 충실히 반영했고, 경쟁사 제품에 비해 ○○ 면에서 우수하다고 생각합니다"라는 수준의 답변을 할 수 있었다.

그러한 준비는 단순히 한 직무에 그치지 않고, 기업 전체에 대한 이해와 애정이 있다는 인상을 주었고, 결과적으로 동이는 해당 기업의 홍보팀에 합격했다.

직무만으로는 부족하다. 기업 전체에 대한 이해가 '합격의 본질'이다. 동이의 사례를 통해 분명히 말할 수 있다. "직무 역량"은 중요하지만, 그것만으로는 부족하다. 취업을 준비하는 학생들은 종종 본인의 전공이나 포트폴리오, 자격증에만 집중한 나머지, 자신이 지원하는 기업에 대한 이해와 관심은 소홀히 하는 경우가 많다. 그러나 면접관은 언제나 "이 지원자가 우리 조직에 잘 녹아들 수 있을까?"를 평가한다.

기업의 대표 제품이 무엇인지, 어떤 고객층을 대상으로 하고 있는지, 최근 시장에서 어떤 변화가 있는지를 알고 있는 지원자와 그렇지 않은 지원자 사이에는 태도와 준비 수준의 차이가 분명히 드러난다. 더불어 이는 자신이 입사 후에 얼마나 빠르게 조직에 적응하고 기여할 수 있을지를 가늠하는 지표가 된다.

제품 하나도 알지 못하는 지원자가, 그 회사의 브랜드를 제대로 대표할 수 있을까? 대답은 분명하다.
당연한 질문을 준비하자.

"우리 회사 제품 중 어떤 걸 좋아하세요?"

"경쟁사와 차별화된 점은 무엇이라고 생각하나요?"
"당신이 이 회사를 선택한 이유는 무엇인가요?"

이런 질문은 예상이 쉬운 질문이다. 그러나 가장 많은 지원자가 제대로 준비하지 못하는 질문이기도 하다. 바로 이 부문에서 승부가 갈린다. 제품을 직접 사용해 보고, 소비자의 관점에서 분석하고, 경쟁사와의 차이를 체감하며 준비한 지원자는 단번에 눈에 띈다. 그리고 그들은 입사 후에도 빠르게 조직에 녹아들고, 성과를 만들어낸다.

동이는 이제 음료업계의 대표 브랜드 중 하나에서 홍보 담당자로 일하고 있다. 지금도 가끔 편의점에서 그 회사의 제품을 볼 때면 동이의 미소가 떠오른다. 당연한 질문에 대한 준비가, 그녀의 인생을 바꾸었기 때문이다.

결국, 중요한 건 "직무 능력"만이 아니라 "조직에 대한 이해"다. 면접의 본질은 '이 사람이 우리 팀이 될 준비가 되었는가'를 판단하는 일이다.

🐾 현식아, 압박 질문은 왜 하고, 어떻게 극복해야 할까?

면접에 대한 두려움은 누구에게나 있을 수 있다. 하지만 그 두려움이 지나쳐 스스로의 역량을 제대로 보여주지 못한다면, 분명 준비해 온 시간과 노력이 빛을 잃고 만다. 이런 두려움을 극복하고 자신만의 방식으로 면접을 통과해 낸 한 사람, 바로 '현식이'의 이야기는 많은 취업 준비생들에게 좋은 본보기가 될 수 있다.

현식이를 처음 만난 건 지방 지점장 시절, 청소년 경제 교실이라는 사회공헌 프로그램의 멘토 활동을 하면서였다. 당시 그는 대학교 4학년으로, 성실하고 조용한 성격의 소유자였다. 아버지는 대학교수, 어머니는 초등학교 교사로, 자율과 책임을 중시하는 가정 분위기 속에서 자란 외동아들이었다. 부모님은 진로에 대해 간섭하기보다는 스스로 선택하고 책임지는 태도를 길러주는 방식을 택했고, 현식이 역시 혼자서 많은 것들을 준비해 나가려는 성향이 강했다.

그러나 이런 성향은 면접이라는 낯선 환경 앞에서는 약점이 되기도 했다. 그는 면접에 대해 큰 부담을 느끼고 있었고, 특히 '압박 면접'이라는 단어만 들어도 긴장된다고 했다. 사실 압박 면접이라는 것은 면접 유형으로 분류된 공식적인 형식은 아니다. 하지만 면접을 준비하는 많은 지원자들이 이 단어에 대해 막연한 불안감을 가지고 있는 것 또한 사실이다.

압박 면접이란 정확히 무엇일까? 면접관이 의도적으로 큰 소리로 꾸짖거나 무례하게 행동하는 장면을 떠올릴 수도 있지만, 실제로는 그렇지 않다. 대부분의 경우, 연속된 꼬리 질문, 답변의 근거를 요구하는 질문, 다른 관점을 던져주는 반론 제시, 불명확한 답변에 대한 재질문 등으로 이루어진다. 이러한 질문들이 이어지다 보면, 지원자는 점점 위축되고 압박을 느끼게 되는 것이다.

이처럼 압박 면접은 결국 심리적인 상황이다. 본인이 압박이라고 느끼는 순간, 그 질문은 압박이 되는 것이고, 그렇지 않다면 그냥 자연스러운 대화의 흐름일 뿐이다.

나는 현식이에게 말했다.
"압박 질문은 정답을 요구하는 것이 아니라, 너의 태도와 대처 방식을 보고 싶어 하는 거야. 그러니까 순간을 모면하려고 애쓰지 말고, 솔직하고 자신 있게 네 생각을 이야기해. 질문에 정답이 없다면, 네가 말하는 게 정답이 되는 거야."

실제로 면접관들은 거짓된 답변을 찾아내려고 집요하게 물어보는 것이 아니다. 오히려, 지원자가 위기 상황에서도 얼마나 침착하게 자신을 설명하고, 논리적으로 사고하며, 주도적으로 대화를 이어가는지를 보고 싶어 한다. 그렇기 때문에 어떤 질문에 자신이 제대로 대답하지 못했다 하더라도, 그다음 질문에서 회복하면 된다. 포기하지 않고 끝까지 집중하는 태도 자체가 긍정적인 평가로 이어질 수 있다.

나는 현식이에게 마지막으로 이런 조언도 덧붙였다.

"정말 압박을 느낄 만큼의 상황이 왔다면, 조심스럽게 역질문을 던져보는 것도 방법이야. '면접관님께서는 어떤 관점을 가지고 계신가요?'라고 물어보는 것이지. 단, 그 말투나 표정, 타이밍이 중요해. 예의와 성의를 갖춘 태도라면 오히려 성숙한 대응으로 받아들여질 수 있어."

결국, 압박 면접이란 면접관이 탈락시킬 마음으로 던지는 질문이 아니라, 지원자의 진짜 모습을 보고 싶은 평가의 한 과정일 뿐이다. 그것을 기회로 삼는 사람은 도리어 자신의 진정성과 역량을 더 강하게 어필할 수 있다.

현식이는 면접에 대한 두려움을 잘 극복했다. 그는 실제 면접에서 당황스러운 질문이 이어졌음에도 불구하고 자신감 있게 답했고, 부족한 부분은 솔직하게 인정하며 자신의 입장을 덧붙이는 방식으로 응수했다. 결국 그는 원하는 기업에 입사해 지금은 성실한 직장인으로 성장해 나가고 있다.

다시 말하자면, 면접은 단순히 정보를 주고받는 자리가 아니다. 그것은 사람과 사람이 마주 앉아 가능성과 잠재력을 확인하는 과정이다. 그렇기에 예상치 못한 질문이 나왔을 때, 침착하게 사고하고, 주도적으로 대처하는 태도가 더욱 중요하다.

압박 질문은 결국 당신을 무너뜨리기 위한 것이 아니라, 당신이 얼마나 견디고, 회복하고, 다시 설 수 있는 사람인지를 보기 위한 장치다.

당신도 언젠가 면접장에서 그런 질문을 받을 수 있다. 그때는 이렇게 생각하자.

"이건 위기가 아니라, 내가 진짜 나를 보여 줄 수 있는 기회다."

🐾 수미야, 옷장의 거울로 너를 합격시켜라

　수미도 특성화고등학교 출신의 지원자였다. 학교에서 운영하는 다양한 취업 프로그램을 성실히 이수하며, 이미 면접을 준비하기에 충분한 역량을 갖추고 있었다. 예상 질문에 대한 답변도 탄탄했고, 말투나 응답 태도도 모범적이었다. 그러나 면접이라는 무대에서 중요한 요소 하나가 아쉬웠다. 바로 표정이었다. 대답은 잘하지만, 얼굴에 긴장감이 가득해 보였고, 자연스러운 미소나 리액션이 거의 보이지 않았다. 전체적인 인상에서 따뜻함이나 여유가 느껴지지 않았던 것이다.

　마침 스터디카페에서 모의 면접을 진행하던 중, 나는 수미에게 핸드폰으로 대답 장면을 촬영해 보자고 제안했다. 촬영된 화면 속 자신의 모습을 본 수미는 당황한 눈빛으로 화면을 바라보며 말했다. "선생님, 제가 이렇게 굳어 있었나요?" 처음 보는 자기 자신의 모습이었고, 그녀도 놀란 눈치였다. 나는 수미에게 거울을 활용한 연습법, 일명 '미러(mirror) 연습'을 제안했다. 자신의 방 안 옷장 안쪽에 있는 전신거울 앞에 앉아 면접 복장을 착용한 채, 예상 질문에 대한 대답을 반복하며 자신의 표정을 관찰하는 훈련이었다. 단순히 대답을 반복하는 것이 아니라, 자신이 지금 어떤 얼굴로 말하고 있는지, 어떤 눈빛과 목소리 톤을 사용하는지 하나하나 체크하며 자신만의 '합격 표정'을 찾아가는 과정이었다.

　나는 10번 이상 반복하라고 가이드를 했지만, 실은 그 횟수보다 더 중요한 것은 자신이 '이제는 괜찮다'고 느낄 수 있을 때까지 스스로를 바라보며 연습하는 것이었다. 스스로의 표정을 본인이 좋아하지 않으면, 결코 면접관의 시선도 긍정적으로 이끌 수 없다. 표정은 스스로 자신감을 가지는 순간부터 바뀐다.

 2주 뒤 다시 만난 수미는 완전히 달라져 있었다. 굳었던 얼굴은 부드럽고 밝은 인상을 풍기고 있었고, 대답하는 내내 자연스러운 미소와 리듬 있는 말투가 이어졌다. 그녀의 변화는 명확하게 느껴졌고, 그동안 얼마나 열심히 자신을 마주하며 연습했는지 알 수 있었다. 미소는 거울 앞에서 웃고 또 웃었다고 했다. 처음엔 어색했지만, 점점 자신과 눈을 마주치며 대화를 나누는 기분이 들었고, 그렇게 자신감을 키워갔다고 했다. 무엇보다 인상 깊었던 건 함께 거주하시는 할머니가 손녀가 거울을 보며 웃고 연습하는 모습을 보며 흐뭇해하셨다는 이야기였다.

 면접은 단순한 Q&A가 아니다. 면접관이 처음으로 지원자를 마주하는 순간, 가장 먼저 들어오는 정보는 복장도, 목소리도 아닌 표정이다. 그 짧은 찰나의 인상 속에서 지원자에 대한 전체적인 이미지가 형성되곤 한다. 그런 의미에서, 수미가 거울 앞에서 만든 변화는 단지 표정을 바꾼 것이 아니라, 면접의 시작을 바꾼 것이다. 누군가와 함께 피드백을 주고받으며 연습하는 것도 중요하지만, 결국 자신을 가장 잘 모니터링할 수 있는 건 자기 자신이다. 그리고 자신이 '괜찮다'고 느끼는 순간, 진짜 자신감이 생긴다.

 수미는 최종 면접에 합격했고, 국내의 한 대기업에서 2년 동안 홍보 관련 업무를 담당하며 근무했다. 그리고 어느 날 다시 연락이 왔다. 직장을 그만두고 서울에서 대학에 진학해 새로운 도전을 시작했다고 했다. "선생님, 저는 제 안의 가능성을 더 키우고 싶어졌어요." 그 한마디에 그녀의 다음 여정이 기대됐다. 거울 앞에서 자신을 바라보며 찾아낸 진짜 '미소'는 이제 그녀의 인생 전반을 밝히는 힘이 되고 있었다.

🎤 재영아, 처음과 마지막 질문을 알려줄게

재영이는 유난히 호기심이 많고 열정적인 학생이었다. '드림클래스'라는 사회공헌 프로그램의 대학생 멘토링 과정에서 처음 만났고, 나는 당시 멘토로 참여하고 있었다. 비록 재영이의 전공이 상경 계열도 아니었고 금융권 취업을 준비하고 있는 것도 아니었지만, 취업과 면접에 대한 관심만큼은 누구보다도 크고 진지했다. 여러 명의 멘티들과 함께한 자리에서 나는 면접에 대한 이야기를 나누며, 모든 면접에서 거의 반드시 등장하는 두 가지 질문을 소개해 주기로 했다. 멘티들은 처음에는 다소 의아한 표정이었지만, 이야기를 들을수록 모두 고개를 끄덕이며 공감하게 되었다.

첫 번째 질문은 바로 면접의 문을 여는 질문이다. "식사하셨어요?", "긴장되시죠?", "편하게 말씀해 주세요"와 같은 아이스 브레이킹 멘트 이후에 자연스럽게 이어지는 "간단한 자기소개와 지원동기에 대해 말씀해 주세요"라는 질문이다. 너무도 익숙한 질문이지만, 이 짧은 한마디에 면접자의 첫인상이 결정된다고 해도 과언이 아니다. 어떤 면접이든 반드시 나오는 이 질문에 대해 준비가 부족하거나 긴장으로 인해 버벅이게 되면, 이후의 면접 전체가 위축된 분위기로 이어질 수 있다.

물론 일부 면접에서는 "1분 자기소개"처럼 시간제한을 두는 경우도 있지만, 대개는 명확한 제한 없이 간단한 자기소개를 요청하는 형식이다. 그러나 이 첫 자기소개는 면접관들의 집중이 가장 낮을 수 있는 시점이기도 하다. 그 이유는 면접관들이 자기소개를 듣는 동안, 지원자의 이력서나 자기소개서를 다시 한번 훑으며 다음 질문을 준비하는 경우가 많기 때문이다. 이런 상황 속에서도 첫 자기소개는 단순한 형식이 아니라, 지원자의 인상을 강하게 각인시킬 수 있는 절호의 기회다. 설령 면접관의 귀가 덜 열려 있는 순간이라 하더라도, 짧고 명료하며 자신감 있는 자기소개는 눈에 띌 수밖에 없다.

따라서 나는 재영이를 포함한 멘티들에게 이 첫 질문에 대한 자기소개는 '달리기 출발선의 스타트 반응'과도 같다고 설명해 주었다. 너무 길지도, 너무 짧지도 않게. 핵심을 분명히 하고, 나를 설명하는 문장들이 간결하지만 기억에 남도록 말해야 한다. 첫 질문에서의 자기소개는 그 자체로 '지원자의 태도, 준비 정도, 전달력'을 드러내는 신호이기 때문이다.

그리고 꼭 등장하는 질문은 면접의 마지막, 클로징 시점에 주어지는 "혹시 준비해 오신 것 중에 아직 말씀하지 못한 내용이 있거나, 마지막으로 하고 싶은 말이 있다면 자유롭게 말씀해 주세요"라는 질문이다. 이 질문은 말 그대로 마지막 기회이며, 동시에 평가를 마무리하는 순간이다. 대부분의 면접관들은 이 질문이 나올 즈음엔 마음속으로 어느 정도의 평가 점수를 정리하고, 곧바로 기록에 반영할 준비를 하고 있다. 그러나 이 마지막 멘트를 통해 지원자가 얼마나 진정성을 가지고 면접에 임했는지, 얼마나 절실하고 준비되어 있는지를 확인하려 집중하게 된다.

나는 재영이에게 이 마지막 질문에 대답할 때는 두 가지를 꼭 고려하라고 조언했다. 첫째, 가능하다면 자리에서 일어나서 마지막 멘트를 해보라고 권했다. 서서 이야기함으로써 보다 적극적인 인상을 줄 수 있고, 앉아서 긴장된 상태로 대답하는 것보다 훨씬 자신감 있게 보일 수 있기 때문이다. 어차피 대답을 마치면 자리에서 일어나 퇴실해야 하므로, 마지막 말을 서서 전하는 것은 오히려 자연스럽다.

둘째, 마지막 멘트에서는 그동안 준비해 온 이야기 중 특히 강조하고 싶었던 내용이나, 면접 과정 중 미처 다 하지 못한 이야기, 혹은 앞서 말했던 내용을 간단히 정리하며 다시 한번 강조하는 방식이 좋다고 했다. 단순한 읍소나 진부한 마무리가 아니라, "내가 이 자리에서 진심으로 하고 싶었던 말이 이것입니다"라고 보여줄 수 있어야 한다는 것이다.

재영이는 이 두 가지 질문에 대한 전략적인 접근을 통해 면접 준비에 대한 시각이 완전히 바뀌었다고 했다. 면접의 시작과 끝, 가장 긴장되고 가장 인상 깊게 남는 두 지점을 어떻게 활용하느냐에 따라 결과가 바뀔 수 있다는 사실은 취업 준비생이라면 누구나 반드시 기억해야 할 포인트다. 면접은 단순히 지식이나 스펙을 나열하는 자리가 아니라, 자신을 인상 깊게 각인시키는 하나의 무대다. 그 시작과 끝이 그 무대의 핵심 장면이라는 것을 잊지 말아야 한다.

🎤 은주야, 면접관들을 위해 이벤트 준비했니?

면접관으로 오랜 시간 활동하다 보면 수많은 지원자를 만나게 되지만, 그중에서도 유독 기억에 남는 이들이 있다. 그중 하나는 단연코 마지막 순간, 인상 깊은 마무리로 강렬한 인상을 남겼던 한 여학생 지원자였다. 면접이 마무리되어 갈 즈음, 면접관이 전형적인 마지막 질문을 던졌다. "마지막으로 하고 싶은 말씀이 있다면 해주시고, 이만 마무리하겠습니다." 그러자 지원자는 조심스럽게 말을 꺼냈다. "면접관님들께 하나씩 나누어드리고 싶은 게 있는데, 받아주셔도 될까요?"라는 말과 함께 말이다.

당시 그녀는 가방도 없었고, 쇼핑백 같은 것도 가지고 있지 않아 모두들 '무엇을 꺼내려는 걸까' 하는 호기심 섞인 눈빛을 보냈다. 그녀는 웃으며 주머니에서 작은 명함 지갑을 꺼내더니, 조심스럽게 면접관 한 명 한 명에게 종이 한 장씩을 건넸다. 그것은 그녀가 직접 디자인하고 출력한 '가상의 명함'이었다. 명함에는 회사의 로고와 자신의 이름, 이메일과 연락처가 인쇄되어 있었고, 이름 앞에는 당당하게 '지원자 은주'라는 직함이 적혀 있었다.

면접관들은 예상치 못한 상황에 다소 당황했지만, 그녀의 재치 있는 행동에 모두가 자연스럽게 웃음을 지을 수밖에 없었다. 그리고 그녀는 이어 이렇게 말했다.

"지금 전해드린 이 명함은 제가 직접 만들어 본 '현재의 명함'입니다. 만약 이 면접에서 좋은 결과가 나와 정식으로 입사하게 된다면, 그때는 진짜 제 명함을 가지고 다시 인사드리러 오겠습니다. 지금은 가상의 명함이지만, 진심과 간절함만은 진짜입니다. 감사합니다."

이 간단하면서도 임팩트 있는 멘트는 당시 모든 면접관들에게 깊은 인상을 남겼고, 지금까지도 기억 속에 또렷이 남아 있다. 면접이란 지원자가 준비한 답변만으로 평가받는 자리가 아니라, 자신을 표현하는 방식과 태도, 그리고 마무리까지의 흐름이 모두 종합적으로 반영되는 자리다. 그런 의미에서 이 지원자의 마지막 퍼포먼스는 단순한 '이벤트'를 넘어 자신감을 드러내고, 그 회사에 얼마나 진심인지 보여주는 절절한 메시지였다.

사실 면접관들은 하루 종일 수십 명의 지원자를 만나며 평가를 해야 하는 경우가 많다. 그 속에서 누군가를 뚜렷하게 기억하기란 쉽지 않다. 그런데 이런 작은 차별화는 그 자체로 특별한 '기억'이 된다. 물론, 이러한 이벤트는 과하지 않아야 하며, 지원자의 진심이 느껴질 때 더욱 긍정적인 평가로 이어질 수 있다.

면접을 준비하는 많은 이들에게 전하고 싶다. 너무 부담을 가지지 말고, 자신만의 색깔과 진심을 담아낼 수 있는 작고 진솔한 방법을 찾아보라고. 때론 '작은 이벤트' 하나가 긴 하루를 보내는 면접관들에게 한 줄기 신선한 바람이 될 수 있고, 당신을 '잊지 못할 지원자'로 만들어줄 수 있다.

은주는 최종 입사에 성공했고, 정말 자신의 진짜 경함을 가지고 사무실로 찾아왔었다. 인사팀을 통해서 면접관들을 물어서 찾아왔다고 했다. 신입사원과 커피를 마시면서 면접 과정에 대한 이야기와 앞으로의 직장 생활에 대한 조언을 해 주었다.

면접, 준비된 나를 '전달'하는 시간

면접은 단순히 질문에 답하는 시간이 아니다. 내가 준비한 내용을 얼마나 효과적으로 전달하고 나오는지가 가장 중요하다. 많은 취준생들이 면접에서 어려움을 느끼는 이유는 예상 질문이 나오지 않았기 때문이 아니라, 자신이 준비한 내용을 면접관의 질문에 자연스럽게 연결해 내지 못했기 때문이다.

면접의 성공은 '면접 점유율'에 달려 있다고 말할 수 있다. 이는 면접 시간 동안 내가 준비한 내용 중 얼마나 많은 부분을 실제로 전달했는지를 뜻한다. 예상 질문이 나왔는지 여부는 중요하지 않다. 중요한 건 어떤 질문이 들어와도 준비한 이야기로 자연스럽게 이끌어가는 응용력과 연결력이다.

이를 위해 먼저 'TOP 5 핵심 메시지'를 정리해 두는 것이 효과적이다. 내가 꼭 말하고 나와야 할 다섯 가지 핵심 키워드를 선정하자. 경험, 역량, 나만의 강점, 직무와 관련된 성과, 회사에 대한 기여 의지 등 무엇이든 좋다. 면접에서는 이 메시지를 바탕으로 다양한 꼬리 질문에 대응하고, 다른 질문과도 자연스럽게 연결시켜야 한다.

하지만 아무리 좋은 내용도 제대로 표현하지 못하면 전달되지 않는다. 면접장에서의 태도, 목소리, 시선 처리, 손동작은 모두 중요한 전달 도구다.

목소리의 톤과 속도는 감정을 실어주는 매개체다. 단조로운 어조는 아무리 좋은 내용도 밋밋하게 만든다. 강조할 부분은 약간의 볼륨 업과 짧은 쉼을 주는 방식으로, 듣는 이의 주의를 집중시킬 수 있다.

시선 처리는 자신감을 보여 주는 방법이다. 1대1 면접에서는 질문한 면접관을 주로 응시하고, 설명이 필요한 대답에서는 주변 면접관들에게도 고르게 시선을 주며 이야기해야 한다. 면접관 므두가 나를 평가하고 있기 때문이다.

손동작은 긴장을 풀어주며 말에 설득력을 더하는 도구다. 예를 들어 2~3가지를 설명할 때는 손가락으로 순서를 짚어주는 방식, 중요한 부분에서는 주먹을 쥐는 동작 등을 통해 메시지의 무게를 실을 수 있다. 단, 과도하지 않고 자연스러워야 한다.

또 하나 중요한 점은, 면접관의 질문은 언제나 논리적인 흐름을 요구한다는 것이다. "왜 그렇게 생각하나요?", "그 과정에서 어려웠던 점은?", "결과가 어땠나요?"와 같은 꼬리 질문이 따라오기 마련이다. 따라서 자신의 경험을 단순히 나열하는 것에 그치지 말고, 문제 → 해결 과정 → 결과 → 배운 점이라는 구조 속에서 준비된 사례를 전달해야 한다.

면접을 앞두고 있다면, 이제는 질문을 '기다리는 자세'가 아니라, 내가 준비한 답변을 '끌어낼 수 있는 질문'을 유도하고, 어떤 질문이 들어와도 내 이야기를 담아낼 수 있는 방식으로 접근해야 한다.

면접은 나를 보여주는 무대이자, 준비된 내용을 표현하는 기술의 종합이다. 그리고 그 기술은 단기간에 만들어지는 것이 아니다. 평소의 연습과 점검, 모의 면접을 통한 피드백, 스스로를 촬영해서 객관적으로 돌아보는 과정들이 쌓여야 한다.

마지막으로, 면접장에서 내 목소리와 표정, 손동작 하나까지도 '면접관에게 주는 메시지'라는 사실을 잊지 말자. 결국 면접은 준비된 '나'를 가장 매력적으로 표현하고 설득하는 예술이다.

Part 5.
인적성 테스트

내가 대학생들과 함께 멘토링을 하고, 재능 기부 형태로 취업 컨설팅을 이어오면서 가장 마음 아팠던 순간 중 하나는 다름 아닌 '인적성 검사'에서 마주한 실패의 경험들이었다. 수많은 학생들과 함께 호흡하며 성장의 과정을 함께했지만, 특히 기억에 남는 건 아주 똑똑하고, 누구보다도 열정이 넘쳤던 몇몇 학생들이 뜻밖에도 인적성 검사에서 발목을 잡힌 순간이었다.

그 학생들은 전공 성적도 우수했고, 자기소개서 작성과 면접 준비도 성실하게 임하며 누구보다 준비된 모습이었기에, 당연히 최종 합격에 이를 것이라 확신했었다. 하지만 결과는 예상 밖이었다. 특히나 '절대적인 실력 부족' 때문이 아닌, 기업의 기준 중 하나인 '과락'으로 탈락한 사실은 더욱 큰 아쉬움으로 남았다. 즉, 전반적으로 좋은 점수를 받았음에도 불구하고 특정 영역에서 일정 기준 이하의 점수를 받은 것이 결정적인 요인이 된 것이다.

인적성 검사는 많은 기업에서 서류 전형과 면접 사이의 중간 관문으로 자리 잡고 있다. 그중에서도 삼성그룹의 GSAT(Global Samsung Aptitude Test)은 대표적인 사례다. 지금은 그룹 내 개별 회사들이 자율적으로 채용을 진행하는 추세이지만, 한때는 삼성 취업의 상징이자 필수 관문처럼 여겨졌던 시험이다. 많은 취준생들이 GSAT에 엄청난 시간과 노력을 들였고, 그만큼 탈락의 충격도 컸다.

GSAT와 같은 인적성 검사는 보통 수리, 추리, 시각적 사고, 언어 이해력 등 여러 영역으로 구성되어 있다. 이 시험의 특징은 단순한 '문제 풀이 실력'뿐만 아니라, 시간 관리 능력, 집중력, 그리고 균형 있는 사고력을 동시에 요구한다는 점이다. 어느 한 분야에서 현저하게 부족한 점수를 받게 되면, 전체 점수가 일정 기준 이상이더라도 불합격 처리되는 구조는 그야말로 '아깝고 억울한' 결과를 낳는다.

따라서 나는 인적성 검사 준비에 있어 단순히 '점수를 올리는 공부'가 아니라, 전략적인 준비를 강조한다.
특히, 다음과 같은 포인트는 반드시 기억해 둘 필요가 있다.

과락 방지 전략: 잘하는 과목에만 집중하지 말고, 약점 영역은 기본 이상을 만들겠다는 목표로 준비하자. 모든 영역에서 '최소한의 안정성'을 확보하는 것이 중요하다.

시간 관리 연습: 대부분의 인적성 검사는 시간과의 싸움이다. 문제 푸는 순서, 빠르게 포기해야 할 문제, 스킵하고 돌아올 문제 등을 전략적으로 접근해야 한다.

실전 모의고사 반복: 실전 같은 연습을 충분히 반복해야 시험장에서 긴장하지 않고 시간 배분과 집중력을 유지할 수 있다.

체력과 컨디션 관리: 인적성 검사는 두세 시간에 걸쳐 집중을 요하기 때문에, 컨디션 조절도 매우 중요한 요소다.

그리고 무엇보다, 인적성 검사에서 탈락했다고 해서 자책하거나 자신을 폄하하지 않기를 바란다. 이것은 단지 하나의 '관문'일 뿐이며, 실력을 증명할 수 있는 기회는 그 이후에도 충분히 존재한다. 많은 기업들이 이제는 실무 역량 테스트, 직무 적합성 면접 등 다양한 방식으로 인재를 검증하고자 노력하고 있기 때문이다.

하지만 현실적으로 아직도 많은 기업들이 인적성 검사를 주요 필터로 삼고 있는 만큼, 철저한 준비는 필요하다. 특히 본인의 성향이나 두뇌 회전 스타일이 객관식 사고보다는 서술형, 창의적 접근에 더 어울리는 학생이라면, 더욱더 전략적으로 접근할 필요가 있다.

인적성 검사는 실력 그 자체라기보다, 문제 풀이에 대한 태도와 준비의 결과물이라는 점을 기억하자. 준비된 자에게는 분명히 기회가 열릴 것이며, 그 시작이 바로 이 작지만 중요한 '관문'을 통과하는 것에서 시작된다.

🔖 성일아, 명절 때는 좀 쉬어라

대기업 채용 시즌은 통상적으로 하반기 추석 명절과 겹치는 경우가 많다. 성일이도 그 시기에 인적성 검사를 앞두고 있었다. 추석 당일 아침, 성일이에게서 안부 인사와 함께 사진 한 장이 도착했다. 취업 준비를 함께하는 동기와 자신의 집에서 인적성 문제지를 풀고 있는 모습이었다. 얼마나 대견하고 열정적인지 감탄했지만, 나는 오히려 이렇게 답했다.

"성일아, 인적성에 너무 매몰되지 마. 내가 아는 성일이가 성일이답지 않으면 안 돼. 네가 성일이 그대로의 모습으로 시험을 치러야 좋은 결과가 있을 것 같아."

그만큼 인적성 검사는 다소 차이는 있지만 문제 풀이 이상의 '자기다움'이 필요한 시험이다. 이 검사는 보통 두 가지로 구성된다. 하나는 인성 검사, 다른 하나는 직무적성검사이다. 먼저 인성 검사는 조직문화에 적합한 사람인지, 함께 일할 동료로서 신뢰할 수 있는 사람인지를 판단하기 위해 진행된다. 즉, 누군가를 '잘못 뽑아' 생기는 기업 내 갈등, 팀워크 붕괴, 조직 효율 저하 등을 미연에 방지하기 위한 것이다.

그러나 중요한 점은, 인성 검사에서 탈락했다고 해서 그 사람이 잘못되었다는 의미는 아니다. 다만, 그 기업의 조직문화와의 '부적합'이 발생한 것이며, 특히 극단적인 성향을 보이거나, 판단이 불가능할 정도로 일관성 없는 응답, 또는 허위 응답의 정황이 보일 경우 탈락하는 경우가 많다. 실제로 인성 검사는 전문가들이 수년간 연구한 질문들로 구성되어 있으며, 수십~수백 문항을 통해 사람이 자신의 성향을 '속이기' 어렵도록 설계되어 있다.

가장 흔한 탈락 유형은 다음과 같다.

거짓말 척도에서의 탈락: 너무 완벽한 응답을 하려다 보니, 과하게 일관성 있는 답변을 내놓거나, 현실과 동떨어진 선택을 해 스스로를 허위 응답자로 만드는 경우다.

극단적인 반사회적 성향: 예를 들어, "지나가는 사람을 때리고 싶은 충동을 자주 느낀다"와 같은 문항에 공감 빈도를 높게 응답할 경우다.

반조직적 성향: "혼자 일하는 게 좋다", "타인의 간섭을 싫어한다"와 같은 문항들에서 반복적으로 조직 협업에 부정적인 성향을 보일 경우도 탈락 요인이 된다.

여기서 중요한 포인트는 '솔직함'이다. 물론, 기업은 자사에 맞는 인재상을 미리 설정하고, 이에 맞춰진 인재를 선호하겠지만, 지원자 또한 그 조직에 맞지 않으면 본인도 불행해진다는 것을 잊지 말아야 한다. 즉, '나를 숨겨서' 들어간 조직에서의 1년보다, '나답게' 들어간 조직에서의 5년이 훨씬 가치 있다.

또 하나, 인성 검사는 자기소개서, 면접 내용과 일관성이 있어야 한다. 자기소개서에서 '꼼꼼하고 조직적인 성향'이라고 썼는데, 인성 검사에서는 '즉흥적이고 독립적인' 성향이 나타난다면, 분명 어딘가 신뢰도가 떨어지게 된다. 그러므로 면접 연습, 자기소개서 작성, 인성 검사 응시까지는 하나의 흐름으로 '나'라는 사람을 정리하는 과정이 되어야 한다.

적성검사는 상대평가다. 즉, 일정 기준 이상을 넘긴다고 해도 함께 시험을 보는 응시자들의 점수에 따라 탈락 여부가 달라질 수 있다. 언어, 수리, 추리, 시각적 사고 등의 문제를 빠르게, 정확하게 푸는 훈련이 필요하며, 특히 시간 분배 능력이 핵심이다. 같은 문제도, 시간 내 풀었느냐에 따라 평가 결과는 천차만별로 갈릴 수 있기 때문이다.

적성검사에서 고득점을 원한다면, 무엇보다 실제 출제 유형에 맞춘 문제 풀이 연습이 가장 중요하다. 모의고사 형식의 문제지를 반복해서 풀어보고, 어느 파트가 약한지를 스스로 분석해야 한다. 그리고 나서 그 부분을 반복 훈련하며 보완해야만 단기간에 점수를 끌어올릴 수 있다. 특히 수능형 시험에 익숙하지 않은 비문과계 학생이나, 비이공계 전공자라면 더더욱 전략적인 접근이 필요하다.

마지막으로, 모든 취준생들이 기억해야 할 말이 있다. '인적성'은 사람을 완벽히 평가하는 도구가 아니다. 하나의 필터일 뿐이다. 그렇기에 낙심하지 말고, 결과를 겸허히 받아들이되, 그 결과에 따른 방향 조정이나 더 나은 준비로 이어가야 한다.

지금 내가 하고 있는 일이 남들에게 인정받고, 나 스스로도 만족할 수 있다면 그 일이 곧 내 적성에 맞는 일이다. 취업이란 결국 그런 '나다움'을 찾는 과정이다. 그러니 인적성 앞에서도, 면접 앞에서도, 자기소개서 앞에서도 진짜 나를 보여줄 수 있도록 준비하자. 그것이 결국 가장 확실하고, 가장 오래가는 합격의 길이다.

🐾 채영아, 과락이다. 시간 안배를 못 했구나?

채영이는 우리나라 최고 수준의 명문 여자대학교에서 경영학을 전공하며, 졸업을 앞두고 취업을 준비하던 4학년 학생이었다. 그녀를 처음 알게 된 것은 기업 멤버십 활동을 함께 하던 또 다른 학생인 명진이를 통해서였다. 두 사람은 함께 기업 주관의 멤버십 프로그램에 참여하고 있었고, 명진이의 추천으로 면접 준비를 도와주는 자리에서 채영이를 처음 만났다.

채영이는 첫인상부터 활발하고 에너지가 넘쳤다. 특히 아버지가 금융권에서 은퇴하신 경험 덕분인지 금융업계에 대한 관심과 열의가 남달랐다. 모의 면접에서도 준비가 잘되어 있었고, 답변의 논리성과 표현력 모두 부족함이 없어 보였다. 면접 코칭을 하는 입장에서도 큰 보완점이 없을 정도로 채영이는 모범적인 취업 준비생이었다.

하지만 면접으로 가는 길목에 반드시 넘어야 할 관문이 있으니, 바로 '인적성 검사'다. 많은 기업이 서류 전형과 면접 사이에 인적성 검사를 배치하고 있으며, 특히 대기업일수록 그 기준은 냉정하고 엄격하다. 아무리 우수한 스펙과 뛰어난 면접 역량을 갖췄다 하더라도, 인적성 검사를 통과하지 못하면 그다음 단계로는 나아갈 수 없다.

채영이 역시 모든 면에서 준비가 잘되어 있었기에 나 역시 큰 걱정 없이 그녀가 무난히 통과하리라 생각했다. 그러나 결과는 예상 밖이었다. 그녀는 '과락' 판정을 받고 인적성 검사에서 탈락하고 말았다. 결과를 확인한 후, 채영이가 나에게 보낸 마지막 메시지는 너무도 안타까웠다.

"그동안 1년 넘게 동기들과 멘토님과 함께 준비하 온 모든 것이 인적성 검사 결과 앞에서 무의미해졌습니다. 너무나 자신 있었기에 아직도 믿기지 않습니다. 저 자신을 제대로 보여 주고자 모든 문항에 성실히 답하다 보니, 시간에 쫓겼던 것이 오히려 실패의 원인이 된 것 같습니다. ㅠㅠ"

시험장에 함께 있었던 것은 아니지만, 채영이의 상황이 그대로 전해지는 듯 마음이 무거워졌다. 성실함이 오히려 독이 되었던 아이러니한 결과였다. 졸업을 앞두고 있던 만큼 그녀에게는 이 실패가 단순한 시험 낙방이 아니라, 향후 진로에 대한 커다란 충격으로 다가왔을 것이다. 이후 나 역시 채영이에게 조심스러워 연락을 하지 못했고, 그녀도 한동안 소식을 전하지 않았다.

그렇다면, 인적성 검사는 과연 무엇이며, 기업은 이를 어떤 방식으로 활용하고 있는 것일까?

인적성 검사는 일반적으로 두 가지 영역으로 나뉜다. '인성 검사'는 지원자의 성격적 특성과 조직과의 적합도를 평가하기 위한 것이며, '적성검사'는 언어, 수리, 추리 등 업무 수행에 필요한 기본 역량을 측정하는 것이다. 기업은 이 검사를 통해 단순히 지원자의 능력만이 아니라, 장기적으로 조직 안에서 함께 성장할 수 있는 사람인지, 기업 문화에 적응할 수 있는 사람인지를 평가한다.

특히 인성 검사의 경우, 문제의 옳고 그름을 따지는 것이 아니라 응답자의 '성향'을 파악하는 것이 목적이다. 따라서 정답이 따로 있는 것이 아니다. 하지만 많은 취업 준비생들이 자신을 좋게 보이기 위해 전략적으로 답하려다 오히려 일관성이 무너지거나, 반사회적 성향으로 오해를 받게 되는 일이 생긴다. 인성 검사는 수십 년간 축적된 데이터와 전문가의 설계를 바탕으로 구성된 만큼, 무작정 '좋은 사람처럼 보이기 위한' 선택은 오히려 탈락의 원인이 된다. 무엇보다 솔직함과 일관성 있는 응답이 중요하다.

적성검사는 더욱 현실적인 시험이다. 제한된 시간 내에 얼마나 빠르고 정확하게 문제를 해결할 수 있는지가 핵심이다. 언어이해, 수리력, 도형 추리, 시각적 자료 해석 등 다양한 영역으로 구성되어 있으며, 특히 수리나 논리 추리 항목은 평소 훈련이 부족한 학생들에게 큰 장벽이 된다.

나는 삼성그룹에서 30년 가까이 근무했지만, 공채 전형으로 입사한 것이 아니어서 실제 인적성 시험을 본 적이 없다. 그럼에도 불구하고 취업을 준비하는 대학생들과 더 깊이 있는 소통을 하기 위해, 직접 GSAT(삼성 직무적성검사) 문제집을 구입해 시간을 재며 풀어보는 경험을 해 보았다. 결과는 예상대로 쉽지 않았다. 특히 수리 파트는 문제의 난이도도 높지만, 시간 압박이 심각했다. 학생들이 이 과정을 거쳐야만 다음 단계로 나아갈 수 있다는 현실에, 새삼 그들의 노력과 스트레스에 공감하게 되었다.

결론적으로 인적성 검사는 단지 통과 여부를 가르는 시험이 아니라, 나 자신을 돌아보는 하나의 기회가 될 수도 있다. 준비의 핵심은 정보력과 경험이다. 자신이 원하는 기업과 업종의 인적성 유형을 정확히 파악하고, 충분한 연습을 통해 실전 감각을 익히는 것이 무엇보다 중요하다. 또한, 자신만의 사고방식과 장점을 인지하고, 그것을 인성 검사에서 자연스럽게 드러낼 수 있도록 평소에도 자기 이해를 높이는 훈련이 필요하다.

채영이의 안타까운 경험은 한 편의 실패담이기도 하지만, 동시에 우리에게 '준비의 방향성'에 대해 많은 것을 시사해 주는 이야기이기도 하다. 우리가 마주한 인적성 검사는 단순한 통과의 관문이 아닌, 내면의 역량과 태도를 성찰하는 하나의 과정이라는 점을 잊지 말아야 한다.

🎯 영주야, 너무 뜨거운 열정을 보여준 것 아니니?

영주는 29세의 나이에 대학생 3학년 신분이었다. 처음 입학한 대학에 대한 회의감으로 자퇴를 결심하고, 2년여간 다양한 아르바이트를 하며 진로에 대한 깊은 고민의 시간을 가졌다. 그 시간 동안 방송 PD의 꿈을 품고 방송 제작 관련 아르바이트도 했고, 대학교 교내 방송반에서 활동하는 등 다양한 경험을 쌓았다. 이후 진로에 대해 다시금 방향을 잡고, 경영학과에 입학해 복수전공까지 도전하며 새로운 출발을 하게 되었다.

내가 그녀를 처음 만났을 당시, 영주는 단순한 대학생과는 달랐다. 어휘력도 뛰어났고, 말도 조리 있게 잘했으며, 무엇보다 삶을 통과해 온 사람만이 풍길 수 있는 성숙함과 열정이 느껴졌다. 본인 스스로도 과거의 사회 경험을 "방황의 시간이었다"라고 표현했지만, 지금은 목표가 분명해졌고, 앞으로는 본격적인 취업 준비에 집중하고 싶다고 했다.

그녀가 금융권에 관심을 가지게 된 계기를 물었을 때, 역시나 어머니가 금융기관에서 근무하셨다는 답변이 돌아왔다. 어머니의 영향과 본인의 성향이 맞아떨어지면서 자연스레 금융권 취업에 대한 목표가 생긴 것이었다.

사회생활 경험이 풍부했던 영주는 내가 해주는 조언에 유독 집중해서 듣고 질문도 많이 했다. 그래서 나는 '대학생 기업 멤버십 프로그램'

을 추천했고, 영주는 나이에 대한 부담은 있었지만 대학교 3학년이라는 상황을 고려할 때 충분히 도전해 볼 만하다고 판단했다. 물론, 금융권 취업을 위한 필수 요소인 자격증 취득이 관건이었다.

그러나 걱정은 기우였다. 영주는 첫 시험에 AFPK와 자산운용사 자격증을 모두 합격하며 놀라운 집중력과 실행력을 보여주었다. 자격증뿐만 아니라 대인관계에 있어서도 전혀 거리낌이 없었고, 후배뻘인 다른 멤버십 동기들과도 자연스럽게 어울리며, 멘토와 선배들에게도 좋은 인상을 남겼다. 한 달여의 인턴 생활도 무난히, 아니 오히려 '인턴답지 않은 인턴'이라는 칭찬을 받을 만큼 완성도 있게 마무리했다.

이제 남은 것은 최종 관문인 '인적성 검사'와 '면접'뿐이었다. 객관적인 조건은 물론, 사람을 대하는 태도나 현장 적응력에서도 영주는 매우 준비된 지원자였다. 나 또한 그녀의 최종 합격을 의심하지 않았다. 그러나 결과는 믿기 힘든 '과락' 판정이었다. 그토록 치열하게 준비하고, 모든 과정에서 뛰어난 역량을 보여 주었던 그녀가 인적성 검사에서 탈락했다는 소식은 충격이었다. 그 누구보다 절실했기에 상실감도 클 수밖에 없었다.

영주는 적지 않은 나이에, 마지막 도전이라는 마음으로 취업에 모든 것을 걸고 있었다. 인적성 검사는 수많은 시간과 노력을 쏟아부은 끝에 도달한 문턱이었기에 그 실패는 모든 것을 부정당하는 듯한 상실감을 안겼을 것이다. 그러나 그 아픔을 딛고, 결국 그녀는 중소형 금융기관에 입사해 자신의 경력을 시작하게 되었다는 소식을 전해왔다.

이 이야기를 통해 나는 다시 한번 깨달았다. 아무리 뛰어난 역량과 경험, 자격증을 갖추었다 하더라도, '마지막 한 걸음'을 소홀히 해서는 안 된다는 것이다. 취업의 모든 준비 과정이 화려하고 완벽해도, 인적성이라는 좁은 문 하나에서 주저앉게 될 수도 있다.

왜 이렇게 열정이 있고, 준비가 잘 되어 있던 학생들이 인적성 검사에서 낙마하게 되는 것일까? 이유는 단순하지 않다. 시간 관리의 실패, 문제 유형에 대한 이해 부족, 혹은 시험장에서의 긴장감과 같은 사소한 요소들이 생각보다 큰 영향을 미치기도 한다. 영주의 경우도, 문항 하나하나에 성실하게 임하고자 하는 의욕이 오히려 시간 배분의 실패로 이어졌고, 결국 과락이라는 뼈아픈 결과로 연결되었다.

그렇기에 우리는 모든 과정을 소중히 여기되, 끝까지 방심해서는 안 된다. 마지막 관문을 넘지 못하면 지금까지의 모든 과정이 수포로 돌아갈 수 있다. 인적성 검사는 단지 기술적 능력을 평가하는 시험이 아니다. 나 자신을 얼마나 객관적으로 이해하고, 얼마나 전략적으로 시간을 배분하며, 냉정한 상황에서도 평정심을 유지할 수 있는지를 묻는 시험이기도 하다.

그래서 나는 오늘도 취업을 준비하는 이들에게 말하고 싶다. 인적성 검사는 결코 형식적인 절차가 아니다. 마지막 문턱일수록 더욱 정성스럽고, 철저하게 준비하자. 그것이 여러분이 쌓아온 모든 노력과 꿈을 지켜주는, 진짜 마지막 열쇠가 될 것이다.

🖋 다연아, Paper 없는 Newspaper 보고 있지?

다연이는 경영학을 전공하며 백화점 MD를 꿈꾸는 여대생이었다. 자신의 진로에 대한 확고한 목표를 가지고 다양한 활동을 이어가고 있었고, 특히 뷰티산업에 대한 관심이 컸다. 실제로 화장품 브랜드에서의 아르바이트를 비롯해, 상권 분석과 시장조사를 직접 경험해 보는 팀 프로젝트에 참여하기도 했다. 특히 인상 깊었던 것은, 다연이가 뷰티산업에 관심을 가지게 된 계기에 대해 설명하면서 "과거 중국 관광객들이 명동에서 화장품을 쓸어가던 시절이 있었는데, 코로나 이후 침체된 이 산업을 다시 활성화시킬 수 있다면 좋겠다고 생각했다"라는 말이었다. 단순한 흥미 이상의 통찰을 가진 답변이었다.

다연이와 대화를 나누면서 느낀 점은, 단순히 화장품을 좋아해서가 아니라 산업 구조와 소비 트렌드, 그리고 변화의 흐름에 민감하게 반응하는 시각을 가지고 있다는 것이었다. 그래서 나는 다연이를 취업을 준비하는 대학생들을 위한 카카오톡 채팅방에 초대했다. 이 방은 매일 아침 종이 경제신문의 주요 기사를 스크랩해서 공유하는 공간이다. 디지털 매체가 범람하는 요즘, 종이신문이 다소 시대에 뒤떨어진 방식으로 여겨질 수 있겠지만, 나는 여전히 이 방식이 주는 교육적 의미가 크다고 믿는다.

예전처럼 집집마다 신문을 구독하고, 신입사원이 신문을 정리해서 지점장님 책상 위에 놓던 시대는 지났다. 지금은 하루에도 수십 번 알

림창을 통해 뉴스가 쏟아지고, 몇 번의 클릭만으로도 관련 기사와 해설까지 확인할 수 있는 시대다. 하지만 그렇기에 오히려 뉴스의 본질, 이슈의 흐름, 그리고 키워드를 잡아내는 힘은 점점 약해지고 있다.

내가 전달하는 신문 스크랩 카톡방에서는 경제신문의 전체 기사를 정독하라고 권하지 않는다. 오히려 헤드라인만 훑으라고 조언한다. 굵은 제목, 사진, 그래프만 훑으면서 전체의 흐름을 잡아보는 것이다. 그리고 두 가지를 실천하도록 유도한다. 첫 번째는 모르는 단어나 기업, 제도, 상품이 등장하면 그것을 따로 검색해 보라는 것. 두 번째는 어제 봤던 키워드가 오늘도 반복된다면, 그 뉴스는 단발성이 아니라 하나의 흐름이라는 점을 감지하라는 것이다. 이렇게 일상 속 반복과 관심을 통해 자연스럽게 '상식'이 쌓이고, 세상의 맥락을 읽는 눈이 길러진다.

인적성 검사에서 특히 '시사 상식'과 '이슈 트렌드' 영역은 평소 관심이 없으면 결코 반응할 수 없는 문제들이다. 일주일 전부터 공부해서 대비할 수 있는 영역이 아니다. 트렌드를 읽는 힘은 단기간에 만들어지는 것이 아니라, 일상에서 꾸준히 세상과 연결된 눈을 가지고 살아가는 습관에서 비롯된다. 단순히 정보를 많이 아는 것이 중요한 것이 아니라, 그것들을 유기적으로 연결시키고 이해할 수 있어야 한다.

그래서 나는 대학생들에게 항상 조언한다. 세상을 멀리서 바라보지 말고 가까이에서 체득하라고. 트렌드라는 것은 특별한 사람들만 분석하고 예측하는 것이 아니라, 우리가 매일 접하는 뉴스의 제목 속에도 숨어 있고, 편의점 진열대나 카페의 신제품에도 드러나 있는 법이다.

그 변화의 조각들을 얼마나 민감하게, 의식적으로 바라보느냐에 따라, 인적성 검사에서의 반응 속도와 해석력은 달라진다.

 인적성 검사를 준비한다는 것은 결국, 지금 이 시대와 대화할 수 있는 힘을 기르는 것이다. 나만의 생각이 아닌, 세상의 흐름을 읽고 그것에 자신의 시각을 더할 수 있는 능력. 이것이야말로 시험을 넘어 사회인으로 나아가는 데 반드시 필요한 자질이 아닐까. 그런 의미에서 다연이처럼 꾸준히 질문하고, 세상에 관심을 가지며, 내 앞에 놓인 현실을 유심히 바라보는 태도는 취업 준비의 핵심 역량이자, 앞으로의 커리어를 설계하는 데 가장 단단한 기반이 되어줄 것이다.

인적성 테스트 에필로그

인적성 테스트에서 과락이라는 고배를 마셨던 명문여대 출신의 채영이는 당시에는 큰 충격을 받았지만, 좌절에 머물지 않았다. 졸업 후 곧바로 미국으로 건너가 새로운 길을 모색했고, 미국 회계사 자격시험에 도전했다. 얼마 전 명절 인사를 전해온 그녀는 현재 미국 기업에서 인턴 생활을 하고 있으며, 한국에 돌아오면 국내 회계법인 입사를 준비할 예정이라고 했다. 톡 메시지의 마지막에는 "그때처럼 모의 면접 부탁드릴게요!"라는 말도 덧붙였다. 한 번의 실패가 인생 전체를 결정짓지 않는다는, 아주 단단한 교훈을 다시금 확인하게 해준 사례였다.

한편, 비슷한 시기에 열정을 다해 도전했던 영주는 그 결과가 다소 아프게 남았다. 적지 않은 나이에 대기업 도전을 준비하며 전력을 다했지만, 인적성에서의 실패 이후 작은 금융기관에 입사했음에도 마음의 상처를 완전히 털어내지 못했던 것 같다. 최근 친구를 통해 들은 이야기로는, 영주는 결국 우울증이 심해져 회사를 그만두고 현재는 집에서 쉬고 있다고 한다. 그 소식을 전한 친구는 영주가 얼마나 진심으로 준비했고, 그만큼 실패의 충격도 컸다는 말을 전했다. 누구보다 간절했기에 더 아팠을 것이다. 영주의 빠른 회복과, 다시 도전할 수 있는 에너지가 되찾아지기를 진심으로 응원한다.

다연이는 S백화점 MD에 지원해 최종 임원면접까지 올라갔지만 안타깝게도 고배를 마셨다. 그러나 곧이어 L백화점에 재도전해 당당히 합격했고, 현재는 신입사원 교육을 마친 후 한 지점에서 MD로서 바쁘게 하루하루를 보내고 있다. 채용 합격 소식을 전하면서 다연이는 "모든 게 삼촌 멘토님 덕분이에요"라며 고마운 마음을 잊지 않았다. 가끔 퇴근 후 피곤한 몸을 이끌고도 연락을 주며 "그래도 너무 재미있어요. 힘들지만 행복해요"라고 전해오는 그녀의 메시지는 멘토로서도 큰 보람을 안겨준다.

성일이는 무려 다섯 개의 공채에 합격하는 놀라운 결과를 만들어냈다. 그중 가장 자신과 성향이 잘 맞는 회사를 선택했고, 지금도 회사 생활을 즐기며 꾸준히 성장하고 있다. 명절 아침 인적성 문제지를 풀며 내게 보냈던 사진이 아직도 선명하다. 그는 늘 그때의 열정을 자랑스럽게 이야기하며, "그 열정이 지금의 저를 만들었어요"라고 말하곤 한다. 여전히 같은 성일이 맞다. 늘 겸손하면서도 스스로를 발전시키는 방법을 아는 성일이는 지금도 회사에서 성실히 자신의 자리를 지키고 있을 것이다.

모두가 다른 길을 걸었고, 결과도 달랐지만 한 가지는 분명하다. 그들은 모두 진심으로 준비했고, 자신의 방식으로 삶을 개척해 나가고 있다는 사실이다. 한때의 실패가 끝이 아니었고, 어떤 이에게는 다시 일어설 계기가 되었으며, 또 어떤 이에게는 자신을 더욱 단단히 다지는 계기가 되었다. 이들의 이야기는 앞으로도 누군가에게 길잡이가 되어 줄 것이라 믿는다.

닫는 글

"책을 마무리하면서 취업 시장에 영향을 주고 있는 '주체'들에 대한 나의 생각을 정리하고, 작은 목소리로 제언을 하고 싶다."

국가와 학교의 역할
전공 선택의 제약과 사회와의 괴리: 우리가 바꿔야 할 교육의 현실

우리 사회에서 학생들이 대학 전공을 선택하는 과정은 과연 자유롭고 합리적일까? KDI의 분석에 따르면, 현실은 그렇지 않다. 수도권 대학에 적용된 정원 규제는 학생들이 원하는 전공을 선택하는 데 직접적인 제약을 주는 주요 원인이다. 비수도권 대학은 비교적 유연하게 인기 전공의 정원을 조정할 수 있지만, 수도권 대학은 대학 전체 정원에 대한 규제로 인해 전공 간 정원 이동조차 자유롭지 않다. 그 결과, 학생들은 원하는 전공과 선호하는 대학 사이에서 타협을 강요당하며, 많은 이들이 결국 자신이 원치 않는 전공을 선택하게 된다.

문제는 여기서 그치지 않는다. 전공에 따라 졸업 후 소득과 취업 안정성이 크게 차이 나는 현실 속에서, 많은 학생들이 적성이 아닌 '소득'과 '안정성'에 따라 의학계와 교육계로 몰리는 현상도 나타난다. 이는 결국 특정 분야로의 과잉 집중과 타 분야의 인재 고갈이라는 부작용을 초래한다. 물론 생명과 교육을 다루는 직업에는 그에 합당한 전문성과 보상이 따르는 것이 맞지만, 사회 전체적으로는 균형 잡힌 인재 배분이 이루어지지 않으면 건강한 구조가 유지되기 어렵다.

더 근본적인 문제는 학생들이 자신의 전공이 실제 직업과 어떤 연계성을 가지는지조차 잘 모른다는 데 있다. 기대소득과 실제 졸업생 소득을 비교한 조사에서는, 자연계나 예체능 계열 학생들이 실질보다 과도한 기대를 갖고 있는 것으로 나타났다. 이는 대부분의 학생들이 체계적인 진로 정보 대신 가족, 지인 등 제한된 인맥을 통해 정보를 얻기 때문이며, 이로 인해 잘못된 판단으로 이어지기도 한다.

전공을 선택하는 시점 또한 학생들에게 부담이다. 설문조사에 따르면, 10명 중 3명은 전공을 바꾸고 싶다고 답했으며, 특히 모집 단위가 작은 전공을 선택한 학생일수록 후회의 정도가 컸다. 많은 경우 고등학교에서 문리과 선택도 개인의 적성보다는 부모나 친구, 사회 분위기에 따라 결정되었다. 이처럼 진로 탐색 없이 내려지는 조기 선택은 전공 만족도와 진로 지속성에도 부정적 영향을 미친다.

문제의 해결을 위해서는 근본적인 제도 개선이 필요하다. 우선 수도권 대학의 정원 규제를 탄력적으로 운영하여 전공 간 수요에 유연하게 대응할 수 있도록 해야 한다. 보건·의료·교육계 전공의 정원 역시 지금의 수요와 트렌드에 맞게 재조정할 필요가 있다. 더불어 고등학교 과정부터 진로 탐색을 위한 시간을 의무화하고, 학과별 취업률은 물론 실제

소득까지 포함된 구체적인 데이터를 제공해야 한다. 이는 학생들이 진로를 보다 합리적으로 결정하는 데 큰 도움이 될 것이다.

또한, 대학교 과정에서도 전공 선택을 보다 유연하게 할 수 있도록 해야 한다. 진로를 일찍 결정한 학생과 아직 탐색 중인 학생 모두가 만족할 수 있도록 전공 선택의 시기를 늦추거나 전과 제도를 활성화하는 것도 방법이 될 수 있다. 고등학교에서는 필수과목의 폭을 넓히고 의미 있는 심화 학습도 제공하여 다양한 진로를 준비할 수 있는 기반을 마련해야 한다.

그러나 구조적인 문제 외에도 한 가지 더 주목해야 할 부분이 있다. 대학 교육이 실제 사회의 요구와 얼마나 괴리를 보이고 있느냐는 점이다. 많은 졸업생들은 "대학교에서 배운 지식을 사회에서 써먹을 수 없다"라고 말한다. 기업 입장에서는 신입사원들에게 대학 교육 이상의 실무 능력을 기대하고 있으며, 실제로 입사 후 추가 교육을 위해 많은 비용과 시간을 투자해야 하는 상황에 놓여 있다. 이는 결국 기업들이 신입보다는 실무 경험이 있는 경력직을 선호하게 되는 이유이기도 하다.

더 나아가 대학 교수진이 실질적인 사회 경험과 괴리된 채 교육에만 머물러 있다는 지적도 존재한다. 사회가 빠르게 변화하고 있음에도 불구하고, 대학은 여전히 그 흐름을 따라잡지 못하고 있으며, 그 결과 학생들은 시대의 요구에서 한 발짝 뒤처진 교육을 받고 있다.

결국 학생들은 선택의 기로에서 대학의 이름값과 전공, 적성과 미래 전망 사이에서 복잡한 균형을 고민한다. 그럼에도 불구하고 교육제도는 여전히 변화에 둔감하고, 사회는 실무형 인재를 원하면서도 대학에서 그런 인재가 양성되도록 하는 데는 관심이 부족하다.

지금 필요한 것은 현실과 교육의 간극을 좁히는 것이다. 진로 탐색의 시간과 선택의 유연성을 보장하고, 사회에서 요구하는 실무 역량과 경험을 대학 교육과정에 반영해야 한다. 그래야만 학생들이 대학에서의 배움과 사회에서의 삶을 자연스럽게 연결할 수 있고, 더 나아가 자신에게 맞는 진로를 스스로 개척해 갈 수 있을 것이다.

🔖 교수님의 역할

오늘날의 대학 교육은 단순한 지식 전달에 그쳐서는 안 된다. 빠르게 변화하는 산업 환경 속에서 학생들이 스스로의 진로를 구체적으로 설계하고 실현해 갈 수 있도록 돕는 것이야말로 교수님의 중요한 책무 중 하나다. 특히 학년별로 학생들의 필요와 상황이 다르기 때문에, 단계별로 차별화된 진로 지도가 반드시 필요하다.

1학년은 다양한 전공 탐색과 자기 이해를 중심으로 진로의 기초를 다질 수 있도록 이끌어야 하며, 2학년은 관심 분야를 좁히고 관련 경험을 쌓아가는 시기인 만큼 실질적인 조언과 가이드를 제공해야 한다. 3학년부터는 보다 구체적인 진로 방향 설정과 역량 강화가 필요하고, 4학년은 이력서 작성, 면접 준비, 인턴십 연계 등 실질적인 취업 지원 중심으로 지도하는 방식으로 접근해야 한다.

또한, 산학협력에 대한 교수님의 관심과 참여는 학생들에게 현장을 경험하게 하는 매우 중요한 통로가 된다. 교수님이 현장 전문가들과의 연결고리를 적극적으로 활용하여 학생들에게 실제 산업의 목소리를 들려주고, 프로젝트 기반의 수업이나 인턴십 연계 수업을 통해 학문과 실무가 만날 수 있는 기회를 제공해야 한다.

교수님의 네트워크는 학생들에게는 소중한 자산이 될 수 있다. 교수님이 보유한 다양한 사회·산업계 인맥은 학생들이 인턴십을 경험하고,

졸업 후 진로를 개척해 나가는 데 실질적인 연결고리가 된다. 단순히 수업을 가르치는 것을 넘어, 학생 개개인의 관심과 역량에 맞는 기회와 사람을 연결해 주는 것이야말로 진정한 '지도교수'의 역할일 것이다.

더불어, 진로 성공 선배들과의 지속적인 연결을 통해 후배들에게 현실적인 조언을 전달하는 일도 교수님의 중요한 역할 중 하나다. 선배 졸업생들이 어떤 과정을 거쳐 지금의 자리에 도달했는지, 어떤 시행착오를 겪었는지 공유하는 기회를 만들면, 후배들은 자신만의 길을 준비하는 데 있어 더욱 구체적인 상을 그릴 수 있다. 이때 교수님이 중간에서 그 네트워크를 조직적으로 유지하고 관리하는 역할을 하게 된다면 그 효과는 더욱 클 것이다.

결국 교수님은 단순히 강의실 안의 '지식 전달자'가 아니라, 학생의 진로 여정을 함께 설계하고 동행하는 '진로 코디네이터'로서의 사명도 지녀야 한다. 교육의 현장이 단순한 지식의 축적이 아니라, 진로와 인생을 설계해 가는 여정의 플랫폼이 되기 위해서는 교수님의 적극적인 참여와 열린 태도가 필수적이다. 학생 한 사람 한 사람이 사회에서 자신만의 자리와 역할을 찾을 수 있도록 이끌어주는 것, 그것이 진정한 교육의 완성일 것이다.

🐾 기업의 역할

오늘날의 기업은 단순히 이윤을 창출하는 조직을 넘어, 사회 속에서 인재를 양성하고 성장시켜야 할 책임 있는 주체로 자리매김하고 있다. 빠르게 변화하는 산업 환경과 노동 시장의 불확실성 속에서 기업은 단기 성과를 추구하는 데 그치지 않고, 지속 가능한 인재 확보와 내부 역량 강화를 위한 체계적인 역할 수행이 요구된다.

무엇보다 중요한 것은 공채의 지속적 유지다. 최근 몇 년 사이 일부 기업들이 공채를 폐지하거나 수시채용 중심으로 전환하는 경향이 나타나고 있다. 이는 기업 입장에서는 효율성과 실무 연계성을 높일 수 있다는 장점이 있지만, 사회 전반에 걸쳐 기회의 공정성과 청년 고용 안정성 측면에서는 우려가 제기된다. 공채는 다양한 배경과 능력을 가진 인재들이 공정한 경쟁을 통해 사회로 진입할 수 있는 중요한 사다리이자, 사회적 신뢰 기반의 상징이기도 하다. 따라서 기업은 채용 과정의 투명성과 공정성을 유지하며 공채 제도의 장점을 지속적으로 살려나가야 할 책임이 있다.

또한, 경쟁력 있는 인재 양성을 위한 교육 체계의 개발과 운영도 기업의 핵심 책임 중 하나다. 단순히 인력을 채용하는 데 그치지 않고, 입사 이후 지속적으로 성장을 도모할 수 있는 교육 프로그램을 마련하는 것이 중요하다. 직무 중심의 교육은 물론이고, 리더십·조직문화·글로벌 감각을 포함한 종합적인 인재 양성 프로그램이 필요하다. 시대의 변화에 맞는 교육 콘텐츠를 지속적으로 리뉴얼하고, 실무 적용이 가능한 실질적인 커리큘럼을 통해 직원의 성장과 회사의 성장을 함께 도모할 수 있어야 한다.

이와 함께 사내 강사 양성 제도의 활성화 역시 매우 중요한 전략이다. 외부 전문가에게 의존하는 교육을 넘어서 내부 인력을 교육 전문가로 양성하는 시스템은, 기업의 문화를 유지하면서도 실질적인 노하우를 전수하는 데 있어 매우 효과적이다. 실무 중심의 강의는 직원들의 몰입도와 신뢰를 높이며, 조직 내 학습문화 형성에도 큰 도움이 된다. 특히 조직 고유의 핵심 역량과 조직문화를 이해하고 있는 내부 인재가 직접 교육을 맡는다는 점에서, 단순한 지식 전달을 넘은 조직 역량 강화로 이어질 수 있다.

결국, 기업은 사회의 구성원으로서 단순한 고용의 주체를 넘어, 청년들에게 기회를 제공하고, 입사 후에는 지속적인 성장을 도모하는 '교육적 책임'을 지닌 조직으로 거듭나야 한다. 채용의 문을 열고, 배움의 기회를 제공하며, 내부 구성원이 함께 성장해 나가는 구조를 만들어 가는 것 — 그것이 오늘날 기업이 짊어져야 할 진정한 '사회적 책임'이다.

> 취업 준비를 위한 자기 점검 7단계
> Sun's 대학생 강의 Tip

1단계. 진로 방향 설정
나는 어디로 가고 있는가?

의의

진로 방향 설정은 전반적인 경력 개발의 기초이자 핵심 설계도입니다. 구체적인 목표 없이 취업 활동을 시작하면 효율적인 역량 개발이 어렵고, 준비 과정 또한 분산될 수 있습니다. 따라서 진로 방향을 조기에 설정하면 자기 주도적 커리어 관리가 가능해집니다.

실행 전략
- 전공 과목 및 프로젝트를 통해 자신이 흥미를 느끼는 분야를 파악
- 성격 유형 검사(MBTI), 직업 가치관 검사, STRONG 검사 등을 통해 개인 성향 분석
- 졸업 후 희망 진로의 형태(창업, 취업, 진학 등)를 구분
- 유망 산업 동향과 미래 직무 전망을 참고하여 5~10년 후 커리어 비전을 설정

활용 포인트

진로 설정 단계에서 명확한 로드맵을 그릴수록 불필요한 시행착오를 줄일 수 있으며, 학내외 비교과 활동과 자격증, 대외 활동 등의 연계성이 높아집니다.

📌 2단계. 목표 산업군 및 기업 설정
나는 어느 기업에 입사하고 싶은가?

의의

산업군 또는 기업 선택은 진로 구체화의 핵심 과정입니다. 구체적인 목표 설정은 학습 동기와 직무 관련 역량 강화에 직접적인 영향을 미치며, 추상적인 고민을 구체적인 실행 전략으로 전환시켜 줍니다.

실행 전략

- 관심 산업군의 구조와 시장 규모, 주요 기업 리스트 파악
- 공공기관 및 대기업의 직무 설명회, 인재상 영상 시청 및 요점 정리
- 실제 채용 공고를 분석하여 요구 역량 및 우대 사항 파악
- 각 기업의 조직문화, 연봉 체계, 복리후생 등 비교 분석

활용 포인트

선정된 기업 및 산업에 대해 이해도가 높을수록 자소서 작성, 면접 준비, 현직자 네트워킹 시 보다 설득력 있는 대화가 가능해집니다.

3단계. 관련 자격증 취득

나의 준비 수준은 어느 정도인가?

의의

자격증은 단순한 스펙을 넘어 취업 준비의 진정성과 직무 적합성을 보여주는 신뢰 지표입니다. 특히, 신입 지원자에게는 실무 경험이 부족한 부분을 보완해 줄 수 있는 핵심 수단입니다.

실행 전략

- NCS 기반 직무 분석을 통해 요구 자격증 목록 정리
- 국가 자격증(기사, 산업기사 등)과 민간 자격증의 차이 및 활용도 비교
- 자격증별 난이도, 시험 일정, 학습 기간 등을 고려한 연간 학습 계획 수립
- 학교 비교과 프로그램, 온라인 강좌(K-MOOC, 유튜브, 에듀윌 등) 활용

활용 포인트

관련 자격증은 입사 지원 시 서류 통과율을 높이고, 면접 시 자기 주도 학습 역량을 증명하는 수단으로 활용됩니다.

📌 4단계. 실무 경험 확보
나는 직접 어떤 활동을 해봤는가?

의의

실무 경험은 취업 시장에서의 실질적인 경쟁력입니다. 이론적 지식만으로는 확인할 수 없는 직무 적성, 조직 적응력 등을 파악할 수 있는 중요한 경험입니다.

실행 전략

- 전공 수업 내 캡스톤 디자인, 실습 과목을 통해 산업 밀착형 과제 수행
- 재학생 대상 인턴십 프로그램(IPP형, 방학 인턴 등)에 적극 참여
- 교외 공모전, 대외 활동, 스타트업 프로젝트 등 실질적 직무 수행 경험 확보
- 현장 중심 비교과 프로그램(산학협력, 교외 연수 등) 활용

활용 포인트

현장 경험은 지원자의 역량을 수치화하거나 구체적인 사례로 설명할 수 있게 도와주며, 이는 자기소개서나 면접에서 강력한 무기가 됩니다.

5단계. 현직자와의 네트워킹
나는 현업의 목소리를 듣고 있는가?

의의

현직자와의 네트워킹은 진로 설정과 준비 과정에서 현실적인 기준을 제공하며, 특정 직무에 대한 왜곡된 이미지를 바로잡을 수 있게 해줍니다.

실행 전략

- 리멤버, 커리어리, 브런치 등 커리어 플랫폼에서 관심 직무 현직자 팔로우
- 학교 커리어 멘토링 프로그램 및 동문 네트워크 적극 활용
- 오픈채팅방, 산업별 포럼, 취업 박람회 등에서 직접 소통 기회 확보
- 정기적인 커피챗이나 전화 인터뷰를 통해 지속적 조언 획득

활용 포인트

현직자의 생생한 경험은 자신이 간과했던 직무 특성을 발견하게 하고, 나아가 자신의 경력 개발 계획을 더 정교하게 조정할 수 있게 만듭니다.

🔖 6단계. 자기소개서 및 자기 PR 준비
나는 나를 어떻게 설명할 수 있는가?

의의

자기소개서는 자신의 브랜드를 담는 대표 문서입니다. 단순한 나열이 아닌, 전략적으로 구조화된 메시지가 있어야 읽는 이의 주목을 끌 수 있습니다.

실행 전략

- STAR 기법(상황-과제-행동-결과)을 활용해 경험 정리
- 지원 직무와 연계되는 경험 위주로 핵심 키워드 구성
- 1분 자기소개는 발표, 면접, 네트워킹 등 다양한 상황에 대비해 연습
- 첨삭 피드백을 통해 표현의 간결성과 설득력을 지속 개선

활용 포인트

반복 연습과 타인의 피드백을 통해 일관된 메시지를 구성할 수 있으며, 이는 면접 대응 능력과도 직결됩니다.

📌 7단계. 면접 대비 전략 수립

나는 면접장에서 어떻게 보일 것인가?

의의

면접은 '최종 전형'이자 '기회이자 위기'입니다. 정답을 말하는 자리가 아니라, 본인의 경험과 태도를 논리적이고 설득력 있게 전달하는 자리입니다.

실행 전략

- 면접 유형(인성, PT, 토론, 상황형 등)에 따른 맞춤형 대응 전략 수립
- 자주 출제되는 공통 질문 20선과 직무별 예상 질문 정리
- 친구 또는 멘토와의 1:1 모의 면접을 통해 표정, 목소리, 자세 피드백
- 면접 노트에 Q&A 형태로 정리해 암기보다 흐름 중심으로 숙지

활용 포인트

실전과 유사한 환경에서 훈련할수록 긴장 완화, 응답 속도, 설득력이 상승하며, 이는 최종 합격 가능성에 직접적인 영향을 미칩니다.